回望汪曾祺

王干主编

读汪小札

陈 武 著

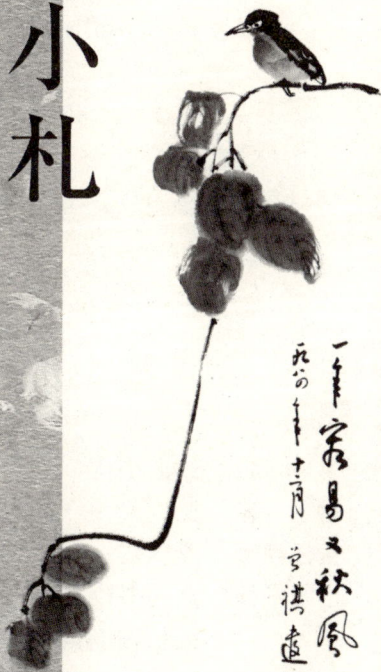

广陵书社

图书在版编目（CIP）数据

读汪小札 / 陈武著. -- 扬州 : 广陵书社，2017.4
（回望汪曾祺 / 王干主编）
ISBN 978-7-5554-0730-0

Ⅰ. ①读… Ⅱ. ①陈… Ⅲ. ①汪曾祺（1920-1997）
－人物研究②汪曾祺（1920-1997）－文学研究 Ⅳ.
①K825.6②I206.7

中国版本图书馆CIP数据核字(2017)第068602号

书　　名	读汪小札	
著　　者	陈　武	
责任编辑	李　洁	
出版发行	广陵书社	
	扬州市维扬路 349 号	邮编　225009
	http://www.yzglpub.com	E-mail:yzglss@163.com
印　　刷	三河市华东印刷有限公司	
开　　本	650 毫米 ×940 毫米 1/16	
印　　张	14	
字　　数	160 千字	
版　　次	2017 年 4 月第 1 版第 1 次印刷	
标准书号	ISBN 978-7-5554-0730-0	
定　　价	42.00 元	

前　言

　　"回望汪曾祺"丛书的《夜读汪曾祺》《人间送小温——汪曾祺年谱》《汪曾祺诗词选评》《汪曾祺论沈从文》《我们的汪曾祺》前五种出版后，得到了广大"汪迷"和读者朋友的肯定和喜爱，作为汪老家乡的出版社，我们深感荣幸，也深受鼓舞。今年是汪曾祺先生逝世二十周年，为了纪念这位"被遮蔽的大师"，在汪曾祺长子汪朗先生的大力支持下，经过丛书主编王干先生的积极运筹和诸位作者的精心编撰，我们得以再次奉献九种"回望"系列，包括金实秋创作的《泡在酒里的老头儿：汪曾祺酒事广记》、庞余亮选编的《汪味小说选》、陈武选编的《林斤澜谈汪曾祺》、王树兴选编的《高邮人写汪曾祺》、陈武创作的《读汪小札》等五种，以及由汪曾祺研究专家徐强按地域重新选编的汪老作品：《梦里频年记故踪：汪曾祺地域文集·高邮卷》《笳吹弦诵有余音：汪曾祺地域文集·昆明卷》《岂惯京华十丈尘：汪曾祺地域文集·北京卷》《雾湿葡萄波尔多：汪曾祺地域文集·张家口卷》四种。

汪曾祺先生作品已成为读者心目中百读不厌的经典，对于汪先生作品的探究也逐渐成为现代文学史研究的显学。

"回望汪曾祺"是一个开放性的系列丛书，我们还将陆续推出新的作品和学术研究成果，向一代文学大师和扬州乡贤致敬，同时也恳请广大作者和读者不吝指教。

广陵书社编辑部

2017 年 4 月

目 录
CONTENTS

卷 一

汪曾祺和"冬青社" // 002

西南联大时期的朱自清和汪曾祺 // 011

沪上"三剑客" // 024

汪曾祺和花果山 // 037

卷 二

"汪学"的探路之作 // 046

林斤澜文章里的汪曾祺 // 052

《汪曾祺与〈沙家浜〉》 // 064

还原大师 // 068

卷　三

闲话《晚饭花集》　　　　　　　// 072

《塔上随笔》　　　　　　　　　// 084

《八月骄阳》　　　　　　　　　// 094

《大淖记事》里的一条注释　　　// 104

重读《受戒》　　　　　　　　　// 109

人老了，书还年轻　　　　　　　// 119

汪曾祺与小小说　　　　　　　　// 126

从《七十书怀》说起　　　　　　// 141

有趣的"书画题识"　　　　　　// 155

卷　四

《草房日记》里的汪氏父子　　　// 174

附录：汪曾祺背后站着文化　　　// 201

编后记　　　　　　　　　　　　// 211

卷　一

汪曾祺和"冬青社"

汪曾祺在西南联大一年级下学期开学不久，即 1940 年年初，参加了"冬青社"，是首批社员之一。

"冬青社"是西南联大一个重要的文学社团。据"冬青社"早期会员杜运燮对于社名的解释说：当时在讨论成立一个新的文艺社团时，"窗外正有一排翠绿的冬青树。这也为了表达社员们决心在当时恶劣的环境中，学习冬青斗霜傲雪、坚韧不拔的常青风格"（《忆冬青文艺社》）。这里所指的"恶劣环境"，我的理解，是指大环境：当时正是抗日战争最艰难时期，昆明经常被日机轰炸，"跑警报"成为昆明人的日常状态。对于汪曾祺来讲，西南联大所处的小环境是什么样的呢？汪曾祺是这么说的：这"是一个污浊而混乱的时代，学生生活又穷困得近乎潦倒，但是很多人却能自许清高，鄙视庸俗，并能保持绿意葱茏的幽默感，用来对付恶浊和穷困，并不颓丧灰心"（汪曾祺散文《泡茶馆》）。就是这样被汪曾祺形容为"污浊而混乱的时代"中，同学们仍能自由结社，自由写作、泡茶馆、听戏剧、喝酒、拍曲，物资虽然短缺，精神生活还不错，就算是缺课、逃课，校方也不太认真追究。另外还能和他心仪的老师沈从文经常见面，甚至一起逛杂货铺子，这种艰苦、离乱中的闲适，正符合他的随遇而安、散漫豁达的个性，并保持他"绿意葱茏的幽默感，用来对付恶浊和穷困"。所以，他加入文艺社团"冬青社"，完全出于他对文学的热爱，对写作的迷恋，是"自许清高，鄙视庸俗"。

"冬青社"初期会员不多，以中文系为骨干，而又以汪曾祺那一届学生为活跃。除了汪曾祺，还有刘北汜、巫宁坤、王树藏、施载宣（萧荻）、林元（林抡元）、杜运燮、马健武、穆旦、萧珊（陈蕴珍）等十数人。

汪曾祺第一篇小说，可以说就是"冬青社"催生的——他的小说处女作《钓》正式发表于昆明《中央日报》1940年6月22日"平明"副刊上。关于这篇小说，还有一些后续故事值得一说：多年以后，历经种种运动的汪曾祺已经忘了这篇小说了，在他生前从未在文章中提及，也没有收入任何一本作品集中，以至于很多人对他的处女作莫衷一是。研究西南联大校史和文学社团的西南民族大学教授李光荣先生经过多年梳理，查到了这篇小说，并撰写一篇文章，题目叫《〈钓〉：汪曾祺的文学开端》，发表于《新文学史料》2009年第一期。据李光荣在这篇文章中透露，他还一并查出了"汪曾祺的作品20多篇"，这可是重大发现，不仅解决了汪曾祺创作生涯中悬而未决的"处女作"问题，还为人民文学出版社编辑出版《汪曾祺全集》提供了更为完备的材料。

当然，说《钓》是"冬青社""催生"的作品，是我个人的猜测，因为年初刚刚成的"冬青社"并成为首批社员的汪曾祺,很可能是在入社后,才正式开始写作的:既然有了组织总不能做"空头文学"家啊,得拿出作品才有说服力。而《钓》又是一篇"意识流"的、很现代的小说,没有大起大落的故事,写一个少年垂钓过程中的思想情绪的波动,文笔优美,辞藻华丽,描写绵密,和汪曾祺后期的作品完全不同。完稿时间是在 1940 年 4 月 12 日,这一时期的汪曾祺,正对外国文学感兴趣,阅读了大量的阿索林、弗洛伊德、萨特、沃尔芙等现代派作家的作品。加入文学社了,又接触了现代派,开笔写"意识流"就不奇怪了。李光荣在《〈钓〉:汪曾祺的文学开端》里,也是这么认为的:汪曾祺入学不久就加入了"冬青社","冬青社"还"办有《冬青》杂文壁报、《冬青小说抄》《冬青散文抄》《冬青文抄》《冬青诗抄》等刊物,社员积极创作和发表作品,举办文学讲座,组织朗诵会和文学讨论会,活动开展得有声有色。或许正是在这种文学氛围中,汪曾祺创作了《钓》"。另外,还可以加一点:既然身边有这么多人热爱写作,而他早已心仪的大作家沈从文就是自己的老师,为何不尝试写篇作品求教于老师呢?

参加了"冬青社"的汪曾祺,作品又很顺利地发表,这给汪曾祺极大的鼓舞,积极参加"冬青社"组织的各种讲座,和社友来往密切,加上他很快就成为沈从文座上宾,能够随意地进出沈从文家闲聊、借书、还书,当然,更多的是从沈从文的讲课中得到启发,又写作了《翠子》《悒郁》等文学作品,到了 1941 年,更是一发不可收,在多家报刊发表作品数十篇,仅小说就有《寒夜》《春天》《复仇——给一个孩子讲的故事》《灯下》《猎猎——

寄珠湖》《河上》《匹夫》《待车》等八篇之多，大多是由沈从
文介绍到相熟的报刊发表的。多年后，汪曾祺在随笔《沈从文先
生在西南联大》中写道：

　　　　沈先生关于我的习作讲过的话我只记得一点了，是
　　关于人物对话的。我写了一篇小说（内容早已忘记干净），
　　有许多对话。我竭力把对话写得美一点，有诗意，有哲
　　理。沈先生说：“你这不是对话，是两个聪明脑壳打架！”
　　从此我知道对话就是人物所说的普普通通的话，要尽量
　　写得朴素。不要哲理，不要诗意。这样才真实。
　　　　沈先生经常说的一句话是：“要贴到人物来写。”
　　很多同学不懂他的这句话是什么意思。我以为这是小说
　　学的精髓。据我的理解，沈先生这句极其简略的话包含
　　这样几层意思：小说里，人物是主要的，主导的；其余
　　部分都是派生的，次要的。环境描写、作者的主观抒情、
　　议论，都只能附着于人物，不能和人物游离，作者要和
　　人物同呼吸、共哀乐。作者的心要随时紧贴着人物。什
　　么时候作者的心“贴”不住人物，笔下就会浮、泛、飘、
　　滑，花里胡哨，故弄玄虚，失去了诚意。而且，作者的
　　叙述语言要和人物相协调。写农民，叙述语言要接近农民；
　　写市民，叙述语言要近似市民。小说要避免“学生腔”。
　　　　我以为沈先生这些话是浸透了淳朴的现实主义精神
　　的。
　　　　沈先生教写作，写的比说的多，他常常在学生的作

业后面写很长的读后感，有时会比原作还长。这些读后感有时评析本文得失，也有时从这篇习作说开去，谈及有关创作的问题，见解精到，文笔讲究。——一个作家应该不论写什么都写得讲究。这些读后感也都没有保存下来，否则是会比《废邮存底》还有看头的。可惜！

　　沈先生教创作还有一种方法，我以为是行之有效的，学生写了一个作品，他除了写很长的读后感之外，还会介绍你看一些与你这个作品写法相近似的中外名家的作品看。记得我写过一篇不成熟的小说《灯下》，记一个店铺里上灯以后各色人的活动，无主要人物、主要情节，散散漫漫。沈先生就介绍我看了几篇这样的作品，包括他自己写的《腐烂》。学生看看别人是怎样写的，自己是怎样写的，对比借鉴，是会有长进的。这些书都是沈先生找来，带给学生的。因此他每次上课，走进教室里时总要夹着一大摞书。

　　这就是沈从文对汪曾祺的影响。沈从文也是"冬青社"请的导师。有了导师手把手的指导和提携固然重要，更重要的是，要动手写作，汪曾祺在《泡茶馆》一文中写到那一时期的读写情况："大学二年级那一年，我和两个外文系的同学经常一早就坐在这家茶馆靠窗的一张桌边，各自看自己的书，有时整整坐一上午，彼此不交语。我这时才开始写作，我的最初几篇小说，即是在这家茶馆里写的。茶馆离翠湖很近，从翠湖吹来的风里，时时带有水浮莲的气味。"当时的西南联大，学生宿舍都是多人一间，又没有桌凳，读书写作极其不便，怎么办？汪曾祺只好带着书和稿纸，去街上的茶馆，把茶馆当成他的书房。汪曾祺在《泡茶馆》一文中提到的两个同学，是"冬青社"社员的巫宁坤和赵全章。许多年以后，巫宁坤在读了汪曾祺的文章后得到启发，在《西南联大的茶馆文化——纪念西联大建校七十周年》中证实了汪曾祺的描写：汪曾祺在《泡茶馆》里提到的"两个无名氏就是我和赵全章……都爱好文艺，朝夕过从。每天课后，我们仨就各自带上两三本书、钢笔、稿纸，一起去泡茶馆。我们一边喝茶，一边吃'花生西施'的五香花生米，一边看书，多半是课外读物，或写点儿什么东西。茶馆就是我们的'书斋'。谁写好了一篇东西，就拿出来互相切磋。曾祺第一篇小说的文采就让我俩叹服。全章中英文都好，经常写抒情小诗，后来一篇接一篇从英文翻译契诃夫的短篇小说。我也写一些小东西。我们最初的习作都是在这家茶馆里泡出来的"。泡茶馆给汪曾祺带来的收获是："可以接触社会。我对各种各样的人、各种各样的生活都发生兴趣，都想了解了解，跟泡茶馆有一定关系。如果我现在还算一个写小说的人，那么我这个小说家是在昆明的茶馆里泡出来的。"（《泡茶馆》）

除了课余时把茶馆当书斋，读书，写作，投稿，汪曾祺也积极参加冬青社的活动。"冬青社"的活动有很多，抄写壁报，编辑手抄本的各种"冬青"杂志，还有讨论会、演讲会和名师讲座。对于名师讲座，汪曾祺最积极，在《沈从文先生在西南联大》一文中有这样一段有趣的描写：

文林街文林堂旁边有一条小巷，大概叫作金鸡巷，巷里的小院中有一座小楼。楼上住着联大的同学：王树藏、陈蕴珍（萧珊）、施载宣（萧荻）、刘北汜。当中有个小客厅。这小客厅常有熟同学来喝茶聊天，成了一个小小的沙龙。沈先生常来坐坐。有时还把他的朋友也拉来和大家谈谈。老舍先生从重庆过昆明时，沈先生曾拉他来谈过"小说和戏剧"。金岳霖先生也来过，谈的题目是"小说和哲学"。金先生是搞哲学的，主要是搞逻辑的，但是读很多小说，从普鲁斯特到《江湖奇侠传》。"小说和哲学"这题目是沈先生给他出的。不料金先生讲了半天，结论却是：小说和哲学没有关系。他说《红楼梦》里的哲学也不是哲学。他谈到兴浓处，忽然停下来，说："对不起，我这里有个小动物！"说着把右手从后脖领伸进去，捉出了一只跳蚤，甚为得意。有人问金先生为什么搞逻辑，金先生说："我觉得它很好玩！"

文中虽然没有明说这些教授来参加的活动是"冬青社"的活动，但事实上都和"冬青社"有关。朱自清、李广田、卞之琳等老师也来金鸡巷讲过课。1942年年初，卞之琳有一次讲的题目是《读书和写诗》，杜运燮做了记录，并把记录稿整理成文章，于当年的 2 月 20 日发表在香港的《大公报》上。

巴金先生和"冬青社"也有关系。1940 年 7 月底，巴金乘滇越火车抵达昆明，探望在西南联大读书的未婚妻萧珊（陈蕴珍），8 月下旬，在青年作家卢福庠的陪同下，参加联大以"冬青社"为骨干的文学青年座谈会。到了 1941 年 7 月巴金第二次来昆明，此时萧珊等"冬青社"成员在金鸡巷已经住了约半年，同学们在这里很开心，还互相起外号。巴金来后，也加入到这个大家庭中，还抽空做了几样地道的四川菜请刘北汜、王文焘、王育常等人品尝。来看望巴金的人很多，有巴金的老朋友，也有联大的老师，还有很多"冬青社"的同学，其中也包括汪曾祺。当时的"冬青社"，气氛很好，不仅互相讨论学问，出版各种壁报和手抄本杂志，各人的投稿积极性也很高。巴金当时已经是很有影响的大作家了，"冬青社"的同学们很想听到巴金的讲座，就通过萧珊邀请。杜运燮在《白发飘霜忆"冬青"》一文中回忆说，这个座谈的范围比较小，人不多，主要是尊重巴金的意见。

李光荣、宣淑君在其专著《季节燃起的花朵——西南联大文学社团研究》一书中，对"冬青社"做了概括，主要分为三个时期，即早期、中期和晚期。汪曾祺在这三个时期都是"冬青社"的骨干，虽然不是组织和活动的活跃分子，创作实绩却最大，许多重要作品，都写于这个时期，除了前边提到的小说，还有多篇小说也发表于这一时期，比如《谁是错的》《唤车》《结婚》《除岁》《葡萄上的轻粉》《序雨》《膝行的人》《小学校的钟声》《老鲁》等，散文有《花·果子·旅行》《灌园日记》《干荔枝》《私生活》《小贝编》《花园》等，新诗有《昆明小街景》《有血的被单》《消息——童话的解说之一》《封泥——童话的解说之二》《落叶松》《文明街》《私章》等。其中小说《小学校的钟声》《老鲁》和散文《花园》已经成为汪曾祺的名篇代表作。特别是《花园》，不仅入选多种选本，也是汪曾祺散文形成个人风格的标志性作品。

在"冬青社"中后期，比汪曾祺高一届的同学林元（林抡元）

准备出版文学刊物《文聚》，同时，"文聚社"也宣告成立。成员有马尔俄、李典、马杏垣、穆旦、杜运燮、刘北汜、田堃、汪曾祺、辛代、罗寄一、陈时等，除李典和马杏垣外，大都是"冬青社"的骨干。据李光荣考证，《文聚》的刊物名称，是沈从文起的。汪曾祺的小说《待车》就发表在《文聚》杂志1942年第一、二期上，著名的散文《花园》就发表在《文聚》上。

　　这一时期的汪曾祺，作品风格已经大致有了定型，在青年学生中有了不小的影响，沈从文对他也很看好，在给施蛰存的信中，提到国内新出现的作家，"联大方面出了不少，很有几个好的。有个汪曾祺，将来必有大成就"。确实，读汪曾祺这一时期的作品，多以和平、淡雅的心性来看待社会和人世，描写的是社会的和谐和人间的温情，善于从大自然中发现美，发掘美，书写美，其审美趣味达到了极高的境界，已经基本上接过了沈从文的衣钵，有成为大名家的气象了。

　　2016年12月5日写于北京草房荷边小筑，少见的没有雾霾，天气朗朗。

西南联大时期的朱自清和汪曾祺

　　朱自清在西南联大的学生很多，取得大成就的学生也很多，但汪曾祺这个学生却有些特别，一是汪曾祺和朱自清算得上是同乡，二是汪曾祺在联大没拿到毕业文凭，三是汪曾祺在文学创作上取得的成就大，横跨中国现、当代文学史，评论家称他为"被遮蔽的大师"（见王干《被遮蔽的大师》一文）。

　　汪曾祺家乡江苏高邮。高邮在历史上一直属于"扬州地"。汪曾祺在江阴高中还没有毕业，就成为流亡学生，后又在几所高中借读，于1939年夏，从上海乘船，经越南，历经艰难到达昆明。其时，西南联合大学和多所国立大学统一招生，报名日期为7月25日至30日。汪曾祺的第一志愿就是西南联合大学。他在投考的时候，沈从文已经被聘为联大师院副教授。汪曾祺在1988年写作的《自报家门》里说："不能说我在投考志愿书上填了西南联大中国文学系是冲着沈从文去的，我当时有点恍恍惚惚，缺乏任何强烈的志愿。但是'沈从文'是对我很有吸引力的，我在填表前是想到过。"汪曾祺读初中时，作文都是"甲上"，这是最高评分了。在读高中时，就爱读小说，也是在《自报家门》里，说他在读高二时，随家人在一个小庵躲避战火："只带了两本书，一本《沈从文小说选》，一本屠格涅夫的《猎人笔记》。说得夸张一点，可以说这两本书定了我的终身。这使我对文学形成比较稳定的兴趣，并且对我的风格产生深远的影响。我父亲看了沈从文的小说，说：'小说也是可以这样写的？'"也许就是这时候，汪曾祺开始立志写作，从后来他的"小说是不像小说"的风格看，早就是受了沈从文的影响，对沈从文推崇备至。所以，他在填报第一志愿时，想到沈从文，完全在情理当中，就像我在几年前，去清华大学寻访朱自清、俞平伯的踪迹，一进清华园突然想到：哦，著名小说家格非是清华的教授。汪曾祺联想到沈从文而没有更多地想到别的教授，比如也是新文学诗人、作家，资格比沈从文更老的朱自清（或是想到了，没有像对沈从文向往的那么强烈），完全是个人性情决定的。这次考试，对汪曾祺来说，也有点惊心动魄，因为考试前他还在医院打针，是拔了针就去考场的。

那么，在汪曾祺入学考试前后的这段时间里，朱自清在忙什么呢？

1939 年夏天，朱自清担任了中华全国文艺界抗敌协会昆明分会举办的暑假文艺讲习班教员，给学员讲授写作课。

中华全国文艺界抗敌协会昆明分会的前身是云南文艺工作者座谈会。理事会成员有穆木天、朱自清、施蛰存、沈从文、冯素陶、楚图南、顾颉刚、彭慧、陆晶清、冯至、谢冰心、杨季生、刘惠之、张克诚、徐嘉瑞等。分会指定罗铁鹰、雷石榆负责诗歌组，马子华负责小说组。两组多次就文艺问题召集讨论会。1939 年 1 月 8 日改选理事，由于穆木天、朱自清、施蛰存、沈从文是文协总会理事，他们四人也成为分会的当然理事。1939 年 5 月 4 日，文协昆明分会正式成立，朱自清和杨振声等人负责分会工作。6 月 12 日下午，朱自清去找魏建功和罗庸，商量文协昆明分会暑期讲习班的事。6 月 14 日，又确定给文艺讲习班授课的四名教员，朱自清、闻一多、罗庸和魏建功。7 月 22 日，朱自清给文协昆明分会写信，接受分会讲课的题目。

1939 年 7 月 25 日，暑期文艺讲习班开课，共招收文艺青年 40 多人，开设文艺基本原理、现代文艺思潮、写作方法、民间文艺、抗战文艺工作等系列讲座。除了上面提到的朱自清、闻一多、魏建功、罗庸而外，还有楚图南、冯素陶、彭慧、施蛰存、曹禺、顾颉刚等主讲。朱自清主要负责作品讲读课。8 月 1 日，朱自清讲鲁迅的《药》和《复仇》。8 月 17 日、19 日几天，朱自清都到讲习班授课。

就在文艺讲习班开课之时，汪曾祺其时正在昆明，如果他知道有这个班，说不定也会成为四十名学员之一的。

1939 年 8 月 21 日那天，朱自清继续到讲习班授课，这次他出了八道题，请讲习班的同学们答，只有几人答出。朱自清认为这班学生"水平不高"。如果汪曾祺也在这个班，不知他的答题能否得到朱自清的满意。朱自清到底是个负责任的老师，两天后，他把学生回答的问题归纳起来，进行认真的讲解。

再回到 8 月 13 日，西南联大中文系入学考试的试卷摆在了阅卷老师的案头，朱自清等教授评阅本年度中文系入学考试试卷，结果如汪曾祺所愿，他的各科成绩不错，被西南联大录取。公布结果时，汪曾祺排第四名。这算得上是朱自清和汪曾祺的第一次间接接触。

这时候，朱自清是清华中文系主任，兼联大师范学院国文系主任，1939 年 8 月 4 日还当选为 1939 年度教授会书记，主持系政十分繁忙，还要给暑期文艺讲习班授课。多次和杨振声、沈从文商定教科书第一、二、三、四等册的目录，出席清华聘任委员会会议和评议会会议等各种大小会议，拜访、接待茅盾、曹禺等文化名人，如 8 月 31 这天就接连拜访了王力夫妇和梁思成夫妇，又接待顾颉刚等人的来访。此外，他个人还要写作、写信、备课、做研究，可谓日理万机。

1939 年度第一学期开学是在 10 月 2 日，4 日上午，汪曾祺在西南联大新校舍参加了始业式及精神总动员。

本学期，朱自清开设的课程是"大一国文"两种（一、二），还有"国文作文"等课。"大一国文"是和沈从文合开的，该课是一年级的必修课，分"读本"和"作文"。汪曾祺在《晚翠园曲会》里说："'大一国文'课的另一个特点是教课文和教作文的是两个人。教课文的是教授，教作文的是讲师、教员、助教。……我的作文课是陶重华先生教的。""大一国文"这本教材，对汪曾祺影响很大，而这本书的选编者，是由杨振声主持的"大一国文委员会"主导选编的，朱自清、罗常培等参与，收白话文学作品十三篇，有鲁迅的《狂人日记》《示众》，徐志摩的《我所知道的康桥》（节选），朱光潜的《文艺与道德》《无言之美》，林徽因的《窗子以外》等。多年以后，汪曾祺在《西南联大中文系》

一文中回忆说："语体文部分，鲁迅选的是《示众》。选一篇徐志摩的《我所知道的康桥》。更特别的是选了林徽因的《窗子以外》。"汪曾祺对入选林徽因的文章感觉"更特别"，可能是当时林在新文学界并无影响、此文也并不出众吧。

1939 年 11 月 14 日，西南联大第一二六次常委会决议，同意朱自清辞去中文系主任及联大师院国文系主任职务，两职务均由罗常培暂代。

朱自清在汪曾祺读大二那年，休了一年带薪研究的长假。汪曾祺整整一学年没有听朱自清的课。这个时候，汪曾祺开始写文章，小说、散文、诗歌都写，沈从文会把他的文章推荐到一些报刊发表。汪曾祺自己也会投稿，还参加了学校的文学社团"冬青社"，是"冬青社"的活跃分子。更是常和交好同学一起讨论文学创作，会在泡茶馆的时候，读书写文章。巫宁坤在《西南联大的茶馆文化——纪念西南联大建校七十周年》一文中也说到他和汪曾祺、赵全章一边泡茶馆一边读书写作的事："曾祺读中文系，我和全章读外文系。碰巧三人又同住一幢宿舍，又都爱好文艺，朝夕过从。每天课后，我们仨就各自带上两三本书、钢笔、稿纸，一起去泡茶馆。我们一边喝茶，一边吃'花生西施'的五香花生米，一边看书，多半是课外读物，或写点儿什么东西。茶馆就是我们的书斋。谁写好一篇东西，就拿出来互相切磋。曾祺第一篇小说的文采就让我俩叹服。……我们最初的习作都是在这家茶馆里泡出来的，投给中央日报文艺副刊，居然一篇小诗小文都陆续登出来了。"汪曾祺在文学上的天赋，得到了老师沈从文的赞许，沈从文在致施蛰存的信中说："新作家联大方面出了不少，很有几个好的。

有个汪曾祺，将来必大有成就。"

　　汪曾祺大三这年，朱自清一年修假研究期满，回到联大，他的课有"散文研究"和"历代诗选（宋）"。汪曾祺修习了朱自清的"宋诗"课。在散文《新校舍》里，汪曾祺说："朱自清先生教课也认真。他教我们宋诗。他上课时带一沓卡片，一张一张地讲。要交读书笔记，还要月考、期考。我老是缺课，因此朱先生对我印象不佳。"在《忆西南联大中文系》里也说了类似的话："比较严一点的是朱自清的'宋诗'。他一首一首地讲，要求学生记笔记，背，还要定期考试，小考，大考。"

　　朱自清讲宋诗，这是他在联大的"拿手课"之一，用的讲义是他自己精心编写的《宋诗钞略》，铅印本，白文，无标点无注释。那么，朱自清讲宋诗讲得怎么样呢？他的学生季镇淮在《纪念佩弦逝世三十周年》里有描写，他说，有一次，朱自清讲课，他先在黑板上写下两首七律，一首是刘长卿的《送李录事兄归襄阳》："十年多难与君同，几处移家逐转蓬。白首相逢征战后，青春已过乱离中。行人杳杳看西月，归马萧萧向北风。汉水青云千万里，天涯此别恨无穷。"另一首是苏轼的《和子由渑池怀旧》："人生到处知何似？应似飞鸿踏雪泥。泥上偶然留指爪，鸿飞那复计东西。老僧已死成新塔，坏壁无由见旧题。往日崎岖君记否，路长人困蹇驴嘶。"对这两首诗的讲解，朱自清开始没有写下题目和作者，而问学生看了这两首诗有什么样的感觉：哪一首习见，熟一些；哪一首不习见，生一些。当时，季镇淮说"头一首熟一些"，朱自清称"是"。接着才开始讲唐宋诗的区别。朱自清说："这两首诗内容相同，都是讲离别的。但意味不同；前者就是抒发感情，后者则讲出了一些道理。唐诗主抒情，宋诗主说理；唐诗以《诗风》为正宗，宋诗则以文为诗，即所谓'散文化'。"应该说，朱自清这种讲课风格是十分严谨和有效的，便于学生理解和运用。季镇淮和汪曾祺一样，也讲到了朱自清上课的严格："先生逐句讲解，根究用词、用事的来历，并随时指点在风格上宋诗与唐诗的不同。也常令学生先讲解，而后先生再讲。因此，在上课之前，学生莫不敢自行预习准备。上课的时候，大家就紧张起来，怕被先生叫起来先讲。定期进行考试，则注重默写和解释词句。"朱自清的另一个学生吾言，也曾回忆说：朱先生"匆匆走到教案旁，对我们点了点头，又点过名，便马上分条析理地就鲁迅及《示众》本文的思想内容和形式技巧各方面提出问题，逐一叫我们表示意见，而先生自己则加以补充，发挥。才一开始，我的心在卟卟乱跳，唯恐要在这许多陌生的同学前被叫起来，用还没有学好的国语艰难地道出我零乱的思想来。然而不多一会，我便忘掉了一切，顺着先生的指引，一步一步地终于看见了作者的所见，感受到作者的所感受"。吾言还评价朱自清"不是敷衍着把课文匆匆读一遍了事"，或是："叙述作者生平的琐事逸闻，尤其是无关大体的所谓'好玩'的琐闻，然后说：'课文你们自己读罢，我没什么好讲的。'"或是："充其量也不过金圣叹式的评点，叫你全得不着要领。"朱自清认真的讲课形式，也引起个别同学们的"不满"，说"大考，小考，练习，报告做个没完的，选过他的课都大叫吃不消。并且分数也抠门的很"。然而自然也有像吾言这样好学的学生，在三四年级的选修课目里，吾言选修了朱自清的"文学批评"，没想到选这门课的一共只有三个人。"虽然只有三个人，

先生还是每堂必在点名册上作记号"。（以上引自吾言《忆朱自清师》）

另有一例，也足见朱自清的认真，据朱自清的日记载，1939年11月13日晚上，他的学生周贤模来访，朱自清说：周贤模"要求我证明同意二年级学生，以便让注册处发还文凭。答应他明天上午我值班时写一便条。他坚持要亲自把条子送到注册处去，我断然拒绝了他，并要求他设法端正自己的思想。他说：'那是我自己的事！'我说：'那好，你走吧，明天上午九点钟到办公室找我。'于是，他就发起火来，说：'我的朋友告诉我你过去是个穷学生，现在到了社会最上层，就像刘邦登上皇位后，不愿听到自己青年时代的清寒一样。你讨厌我，你知道刘邦是个市侩！'此时我警告他，他在污辱老师，我要写报告给最高校务委员会处罚他。但他说：'好，我也要给他们写！'这时他放肆地问我：'你知道我将转入三年级，为什么后来把我放入二年级？你们大学规定每个学生每年的学分是四十分。为什么你答应给我四十三分？'我说我不愿意回答他的问题并请他出去。但他悍然拒绝。李其同让他保持办公室安静，就进行干预，他心犹不甘，最后离去，并说：'黑暗！黑暗！等着瞧吧！我要让你看看颜色。'我把整个事回想一下，感到问心无愧，除了有一次对他过于苛刻。应该对学生和蔼一些。"如果这位周贤模同学所说没错，朱自清确实严格的有些过了头，说好"转入三年级"，为何又"放入二年级"？别人修的学分都是四十分，为什么他是四十三分？当然，周同学把老师比作刘邦显然犯了大忌，引起了朱自清的恼怒。这件事情的后续是，朱自清果然写了材料给学生注册处和最高校务委员会，结果是，第二天，周贤模同学被勒令退学。又过五六天，朱自清接到周贤模的信。这封信让朱自清一夜失眠。到了这个月的月底，有人告诉朱自清，周贤模给校务委员会写了一封长信。朱自清在日记里说："上周以来，周贤模的事情一直不能忘怀。"

大学里有大学里的规矩，朱自清虽然"问心无愧"，但也承认对个别学生过于"苛刻"。

汪曾祺缺课多，也可能与朱自清教学的严格、刻板有关。汪曾祺随心、散漫，喜欢自由自在的生活，包括在学习中。他喜欢写作，就爱听沈从文的课。也喜欢听文采飞扬的闻一多的课，对闻一多在课堂上的潇洒特别欣赏，在《闻一多先生上课》一文里说："闻先生打开笔记本，开讲：'痛饮酒，熟读《离骚》，乃可以为名士。'"汪曾祺印象特别深，还说"能够像闻先生那样讲唐诗的，并世无第二人"。汪曾祺还喜欢听罗庸的课，称他的课很"叫座"，"罗先生上课，不带片纸。不但杜诗能背写在黑板上，连仇注都背出来"。汪曾祺对闻一多、罗庸等老师讲课风格的欣赏，也是他的性情决定的。所以，听朱自清严谨、严肃而带有学术研究并略显枯燥的课，自然感觉没劲了，何况还"大考、小考、报告"不断呢。汪曾祺学得不好，或考得不好，朱自清对于这样的学生"印象不佳"也就不奇怪了。

汪曾祺本应于 1943 年 6 月毕业，但于由体育和大二英文成绩不合格，汪曾祺没能如期毕业。

汪曾祺在新时期文坛成名后，写过很多西南联大的旧人，关于沈从文的就有《沈从文先生在西南联大》《沈从文和他的〈边城〉》《星斗其文，赤子其人》等好几篇，也写过《闻一多先生上课》，写过《金岳霖先生》，写过《唐立厂先生》（唐立厂就是唐兰），只在《新校舍》《我的老师沈从文》《忆西南联大中文系》等文章里稍带几笔朱自清。对朱自清的评价是："讲解很系统，要求很严格，上课带着卡片，语言朴素无华，然而扎扎实实"（《我的老师沈从文》）。在散文《人间幻境花果山》里，也说了句"我曾听朱自清先生说过，淮安人是到了南阁楼就要修家书的"等话。

　　不过，汪曾祺也写过一篇读书随笔《精辟的常谈——读朱自清〈论雅俗共赏〉》，可以称得上是一篇专论，这是一篇只有几百字的短文，汪曾祺从自己的角度，对朱自清的《论雅俗共赏》和《经典常谈》做了简明而精准的解读：

　　　　朱先生这篇文章的好处，一是通，二是常。

　　　　朱先生以为"雅俗共赏"这句成语，"从语气看来，似乎雅人多少得理会到甚至迁就着俗人的样子，这大概是在宋朝或者更后罢"。这说出了"雅俗共赏"实质，抓住了中国文学发展的一个关键。

　　　　朱先生首先找出"雅俗共赏"的社会原因，那就是从唐朝安史之乱之后，"门第迅速地垮了台，社会的等级不像先前那么固定了，'士'和'民'这两个等级的分界不像先前的严格和清楚了，彼此的分子在流通着，上下着，而上去的比下去的多"，上来的士人"多少保留着民间的生活方式和生活态度"，他们"要重新估定价值，至少也得调整那旧来的标准与尺度"。"雅俗共赏"似乎就是新提出的"尺度和标准"。这是非常精辟的、唯物主义的分析。

朱先生提出语录、笔记对"雅俗共赏"所起的作用。

朱先生对文体的由雅入俗作了简明的历史的回顾，从韩愈、欧阳修、苏东坡到黄山谷，是一脉相承的。黄山谷提出"以俗为雅"，可以说是纲领性的理论。

从诗到词，从词到曲，到杂剧、诸宫调，到平话、章回小说，到皮黄戏，文学一步比一步更加俗化了。我们还可以举出"打枣竿""挂枝儿"之类的俗曲。这是文学发展的必然趋势，任何人也奈何不得。

其后便有"通俗化"和"大众化"。

朱先生把好几百年的纷纭复杂的文学现象绺出了一个头绪，清清楚楚，一目了然，一通百通。朱先生把一部文学史真正读通了。

朱先生写过一本《经典常谈》。"常谈"是"老生常谈"的意思。这是朱先生客气，但也符合实际情况：深入浅出，把很大的问题，很深的道理，用不多的篇幅，浅近的话说出来。"常谈"，谈何容易！朱先生早年写抒情散文，笔致清秀，中年以后写谈人生、谈文学的散文，渐归简淡，朴素无华，显出阅历、学问都已成熟。用口语化的语言写学术文章，并世似无第二人。

《论雅俗共赏》是一篇标准的"学者散文"，一篇地地道道的 Essay。

不知为什么，我总觉得这篇短文，是汪曾祺的"平衡"之作。

按说，没有根据是不应该想当然的，不应该妄加猜测的，但我总觉得，在写过沈从文、闻一多、金岳霖、唐立厂等老师之后，不写一篇朱自清说不过去，这才有这篇《精辟的常谈——读朱自清〈论雅俗共赏〉》的问世。

朱自清是西南联大的名教授，课程也不少，必修课、选修课都有，还有各种讲座，汪曾祺都听过，特别是朱自清到"冬青社"的几次演讲，汪曾祺都在现场，按说印象很深，甚至也有不少交流，连"淮安人到了南阁楼修家书"这种话都说了，家乡风物、人情世故等事一定不会少讲。可不知为什么，汪曾祺没有专门写一篇关于朱自清在西南联大的文章。不过早在 1947 年，汪曾祺在上海私立致远中学教书时，据他的学生张希至回忆，他上课时很少按课本内容讲授，而是常讲闻一多、朱自清、李广田、沈从文等。

很多年后，沈从文在给汪曾祺的一封长信里，说起当年未毕业事，提到"罗"没给汪曾祺发毕业证，应该是指罗常培吧。因为罗常培当年准备安排汪曾祺先在西南联大先教一年书，再补发毕业证书的。汪曾祺很高兴，可是后来并没有安排汪曾祺在西南联大当老师，毕业证书也遥遥无期，最终没有拿到。到了 1986 年 5 月 2 日，汪曾祺的朋友、扬州籍著名中医耿鉴庭先生要到扬州参加历史文化名城经济社会发展研究会。行前，汪曾祺嘱其顺访朱自清故居，这是对老师的深切怀念啊。

不久前，在北京西城一家小酒馆里，我和汪朗喝酒，说起老爷子在昆明联大的这段求学生活，汪朗透露一个信息，说老爷子生前跟他们兄妹几个聊天时，说，当时罗常培还有一个动议，就是推荐汪曾祺做朱自清的助教。朱自清没有答应，说他连我的课都不听，我怎么能让他当助教？但，西南联大研究专家、西南民族大学教授李光荣先生在一次会议期间跟我说，其实汪先生记忆有误，是闻一多先生想让汪曾祺做清华大学助教的，不过朱先生的回答没有错。

没拿到西南联大的毕业证书，对汪曾祺此后的生活有无影响，影响有多大，现在讨论也无意义。但可以肯定地说，朱自清对他这个同乡兼学生，没有像对待他的另一个同乡兼学生余冠英那么优待。

2016 年 9 月 10 日修改

沪上 "三剑客"

　　1946 年年初，汪曾祺还没去上海，已经有两篇小说在上海的文学杂志《文艺复兴》上发表了。稿子是他老师沈从文推荐的，分别是《小学校的钟声——茱萸小集之一》（载《文艺复兴》1946 年第一卷第二期）和《复仇》（载《文艺复兴》1946 年第一卷第四期），在《复仇》发表时，《文艺复兴》主编郑振铎在 "编后记" 中谈及这篇小说，深有感触地说："汪曾祺先生的小说《复仇》，和他已在本刊登出的《小学校的钟声》，都是易稿若干次，而藏之数年，不曾发表出来的；稿纸上已经有蠹书鱼的钻研之虐了。像用大斧在劈着斑驳陆离的大山岩似的，令人提心吊胆，怕受了伤。" 上海的《文汇报·笔会》也在 1946 年的 6 月 18 日、7 月 12 日接连发表汪曾祺的《街上的孩子》《花·果子·旅行——日记抄》两篇散文。这些作品的发表，为他在上海一年多时间里的生活和发表作品，进行了预热，也开辟了通道，更像是对他的欢迎。

　　汪曾祺启程去上海的时间，是在他老师闻一多被国民党特务

暗杀后，大约是在 1946 年 7 月下旬，这一时期的昆明，随着联大
等高校和其他战时机构的陆续内迁、复员，文艺气氛已经大不如前，
就业机会更是渺茫，加上政治气氛的日益紧张，去上海寻找机会
是汪曾祺的首选，于是便决定取道越南，经香港，回上海。和他
同行的还有未婚妻施松卿。他们到达香港后，因候船，在上海滞
留数日。汪曾祺在《生机》《风景》等文章中，对这段滞留生活
有较深刻的感想：

　　一九四六年夏天，我离开昆明去上海，途经香港。
因为等船期，滞留了几天，住在一家华侨公寓的楼上。
这是一家下等公寓，已经很敝旧了，墙壁多半没有粉刷
过。住客是开机帆船的水手，跑澳门做鱿鱼、蚝油生意
的小商人，准备到南洋开饭馆的厨师，还有一些说不清
是什么身份的角色。这里吃住都是很便宜的。住，很简单，
有一条席子，随便哪里都能躺一夜。每天两顿饭，米很白。
菜是一碟炒通菜、一碟在开水里焯过的墨斗鱼脚，还顿
顿如此。墨斗鱼脚，我倒爱吃，因为这是海味。——我
在昆明七年，很少吃到海味。只是心情很不好。我到上
海，想去谋一个职业，一点着落也没有，真是前途渺茫。
带来的钱，买了船票，已经所剩无几。在这里又是举目
无亲，连一个可以说说话的人都没有。我整天无所事事，
除了到皇后道、德辅道去瞎逛，就是蹩到走廊上去看水手、
小商人、厨师打麻将。真是无聊呀。

　　　　　　　　　　　　　　　　——《生机·玉头》

　　我在香港时全像一根落在泥水里的鸡毛。没有话说，我沾湿了，弄脏了，不成样子。忧郁，一种毫无意义的忧郁。我一定非常丑，我脸上线条凌乱芜杂，我动作萎靡鄙陋，我不跟人说话，我若一开口一定不知所云！我真不知道我怎么把自己糟蹋到这种地步。是的，我穷，我口袋里钱少得我要不时摸一摸它，我随时害怕万一摔了一跤把人家橱窗打破了怎么办……但我穷的不止是钱，我失去爱的阳光了。我整天蹲在一家老旧的栈房里，感情麻木，思想昏钝，揩揩这个天空吧，抽去电车轨，把这些招牌摘去，叫这些人走路从容些，请一批音乐家来教小贩唱歌，不要让他们直着脖子叫。而浑浊的海水拍过来，拍过来。

　　　　　　　　　　　　　　　　　　——《风景·人》

　　这两段文字都是极尽苦闷，甚至有些自我嘲讽，有些怨天尤人。在香港的滞留时间虽然不长，当然不可能给他带来工作机遇了，事实上他压根也没有这样想。但香港也没留下什么好印象。而真正让他深感孤独和失落的是，他"失去爱的阳光了"——施松卿另船回福建了，在小说《牙疼》里，汪曾祺间接记录了和施松卿分别时的情景："S回福建省亲，我只身来到上海。上海既不是我的家乡，而且与我呆了前后七年的昆明不同。到上海来干甚么呢？你问我，我问谁去！找得出的理由是来医牙齿了。S临别，满目含泪从船上扔下一本书来，书里夹一纸条，写的是，'这一去，可该好好照顾自己了。找到事，借点薪水，第一是把牙治一治去。'"

蜇居在那样的旅店里，又"失去爱的阳光"，汪曾祺在香港的遭际和心情之恶劣就可想而知了。

在香港难熬，初到上海的汪曾祺同样有过一段苦闷的日子，这里举目无亲，寻找工作机会也无着落，只好求助好同学朱德熙，并暂住在朱德熙家。汪朗在《我们的老头汪曾祺》里说："当时朱德熙已经到北京清华大学教书，特地关照家里人照顾一下爸爸。但是总寄居在别人家毕竟不是个事，找工作又困难重重，屡屡碰壁之后，爸爸心灰意懒，给在北京的沈从文先生写信诉说苦闷心情，并流露出想要自杀的打算。沈先生收到信之后立即写了一封回信，把爸爸大骂了一顿……还在信中说：'为了一时的困难，就这样哭哭啼啼的，甚至想到自杀，真是没出息！手中有一枝笔，怕什么？'"沈从文还不放心，又写信给回到苏州探亲的夫人张兆和，让张兆和写一封长信安慰他。后来也是经沈从文托他的好友李健吾帮忙，才介绍他到一所私立中学担任了教员。

这所中学叫上海致远中学，校长是李健吾的学生。

工作解决了，有了立足之地，而且似乎对工作还很挺满意，学校又正处闹市区，汪曾祺又过起了潇洒的"名士"生活。他在小说《星期天》里，有这样一段描写："这是一所私立中学，很小，只有三个初中班。地点很好，在福煦路。往南不远是霞飞路；往北，穿过两条横马路，便是静安寺路、南京路。因此，学生不少。学生多半是附近商人家的子女。"这是学校的外部环境，那么内部呢？"'校舍'很简单。靠马路是一带水泥围墙。有一座铁门。进门左手是一幢两层的楼房。很旧了，但看起来还结实。楼下东侧是校长办公室。往里去是一个像是会议室似的狭长的房间，里面放了一张乒乓球台子。西侧有一间房间，靠南有窗的一面凸出呈半圆形，形状有点像一个船舱，是教导主任沈先生的宿舍。当中，外屋是教员休息室；里面是一间大教室。楼上还有两个教室。"这里的描写虽然是小说家言，推测这就是致远中学的基本格局。这篇小说的写作方式奇特，是一个人物一个人物的编序介绍，虽然有虚构成分，但这些人物大致都有原形。说到"我"时，更符合实际："我教三个班的国文。课余或看看电影，或到一位老作家家里坐坐，或陪一个天才画家无尽无休地逛霞飞路，说一些海阔天空，才华迸发的废话。吃了一碗加了很多辣椒的咖喱牛肉面后，就回到学校里来，在'教学楼'对面的铁皮顶木棚里批改学生的作文，写小说，直到深夜。我很喜欢这间棚子，因为只有我一个人。除了我，谁也不来。下雨天，雨点落在铁皮顶上，乒乒乓乓，很好听。听着雨声，我往往会想起一些很遥远的往事。但是我又很清楚地知道：我现在在上海。雨已经停了，分明听到一声：'白糖莲心粥——！'"这里的"老作家"就是巴金，"天才画家"就是黄永玉。

汪曾祺的学生、后来成为机械专家的林益耀，对汪曾祺印象深刻，在《汪曾祺与致远中学》中回忆道：当时"汪老师二十多岁，国字脸，比较瘦弱，一口带苏北口音的普通话，斯文儒雅，有学者风度，讲课不紧不慢，娓娓道来。"汪曾祺在这里住了一年多，教书，写作，阅读，思考，会朋友，学跳舞，丰富了汪曾祺的生活。仅从读书看，照例还是闲书多，《星期天》里的"我"，应该就是他读书的写照："……看《植物名实图考长编》——这是一本很有趣的著作，文笔极好。我对这本书一直很有感情，因为它曾经在喧嚣历碌的上海，陪伴我度过许多闲适安静的辰光。"读书之外就是写作，而且不断有作品在上海的报刊上发表，1946 年 9月 12 日，小说《磨灭》发表在《大公报》上；10 月 14 日，小说《庙与僧》发表于《大公报》上；10 月 14 日，写了散文《风景》，包括《堂倌》《人》《理发师》，分两次发表于 25 日、26 日《文汇报·笔会》上；另外，在 1946 年年末，又写作和发表了《"膝行人"引》《他眼睛里有些东西，决非天空》《昆明草木》等文章。到了 1947 年，更是一发而不可收，这一年创作、发表的小说就有《鸡鸭名家》《醒来》《艺术家》《驴》《职业》《落魄》《绿猫》《冬天》（《豆腐店》之一片断）《戴车匠》《年红灯》（二）《牙疼》《囚犯》《异秉》等十余篇，还有散文《飞的》（包括《鸟粪层》《猎斑鸠》《蝶》《矫饰》）《蔡德惠》《室外写生》《歌声》《幡与旌》《蝴蝶——日记抄》，论文有《短篇小说的本质——在解鞋带和刷牙的时候之四》。另外，在 1947 年 7 月 15 日致沈从文信中透露，仅在 5 月至 6 月短短两个月的时间里，就写了约 12 万字的文学作品，而且自觉"大都可用"。唐湜在随笔《汪曾祺在上海》一文中说他"时常写一个通宵，到天亮时才和衣睡下"。

良好的写作状态，一直延续到 1948 年春天北上北京。

正是在这一时期，汪曾祺认识了此后号称沪上"三剑客"的黄裳和黄永玉。黄永玉和沈从文是亲戚，在上海郊外一所中学教书，沈从文写信给他，让他去找才子汪曾祺。同样因为沈从文的关系，加上巴金的夫人萧珊（陈蕴珍）和汪曾祺是西南联大的同学，汪曾祺也常到巴金家喝茶谈天，在这里又认识了黄裳（汪曾祺和黄裳的交往，应该先于黄永玉），从此，三人成了无话不谈的好朋友。黄永玉在 1979 年创作的散文《太阳下的风景——沈从文与我》中，深情地叙述了他和表叔沈从文的通信，写了他在上海街头，阅读沈从文发表在报纸上的关于沈、黄两家的亲情的散文而受到了莫大的感动，接着，有这样的叙述：

> 　　朋友中，有一个是他的学生，我们来往得密切，大家虽穷，但都各有一套蹩脚的西装穿在身上。记得他那套是白帆布的，显得颇有精神。他一边写文章一边教书，而文章又那么好，使我着迷到了极点。人也像他的文章那么洒脱，简直是浑身的巧思。于是我们从"霞飞路"来回地绕圈，话没说完，又从头绕起。和他同屋的是一个报社的夜班编辑，我就睡在那具夜里永远没有主人的铁架床上。床年久失修，中间凹得像口锅子。据我的朋友说，我窝在里面，甜蜜得像个婴儿。
>
> 　　那时候我们多年轻，多自负，时间和精力像希望一样永远用不完。我和他时常要提到的自然是"沈公"。我以为，最了解最敬爱他的应该是我这位朋友。如果由他写一篇有关"沈公"的文章，是再合适也没有的了。
>
> 　　在写作上，他文章里流动着从文表叔的血型，在文字功夫上他的用功使当时大上海许多老人都十分惊叹。我真为他骄傲。所以我后来不管远走到哪里，常常用他的文章去比较我当时读到的另一些文章是不是蹩脚？

这段文字里，不吝赞美之词地夸赞这位沈从文的学生，就是汪曾祺。2006 年，黄永玉在《黄裳浅识》一文中，再次写到汪曾祺，这次指名道姓了："那时我在上海闵行县立中学教书，汪曾祺在上海城里头致远中学教书，每到星期六我便搭公共汽车进城到致远中学找曾祺，再一起到中兴轮船公司找黄裳。看样子他是个高级职员，很有点派头，一见柜台外站着的我们两人，关了抽屉，招呼也不用打地昂然而出，和我们就走了。曾祺几次背后和我讲，上海滩要混到这份功力，绝不是你我三年两年练得出来。我看也是。"三人会合后又干什么呢？该文接着写道："星期六整个下午直到晚上九十点钟，星期天的一整天，那一年多时间，黄裳的日子就是这样让我们两个糟蹋掉了。还有那活生生的钱！""我跟曾祺哪里有钱？吃饭、喝咖啡、看电影、坐出租车、电车、公共汽车，我们两个从来没有争着付钱的念头。不是不想，不是视若无睹，只是一种包含着多谢的务实态度而已。几十年回忆起来，几乎如老酒一般，那段日子真是越陈越香。"黄裳对黄永玉这篇文章所描写的情状，他在 2010 年 3 月 2 日发表的《忆曾祺》中，在写了他当时工作的《文汇报》有一个宽松的工作环境后，与汪曾祺和黄永玉的交往，有更细化的叙述：

就在这种宽松的工作条件下，才能一见曾祺、永玉站在面前，就能交代一声，站起身就走。这种做派，就被误会为高级职员风度了。

离开办公楼，就是找地方吃喝、消遣。也不像永玉说的那么豪纵，最高级的去处只能数霞飞路上的"DD'S"了，店里有"吃角子老虎"的设备，每次也总要喂它几文。偶然得彩，一下子吐出一大堆角子，必兴高采烈地喂还它不可。咖啡馆的奶油蛋糕是有名的，一坐下来就是许久，杂以笑谑，臧否人物，论天下事，兼及文坛，说了些什么，正如随风飘散的"珠玉"，无从收拾了。

吃馆子是常事，但并不大吃大喝。记得常去的是三马路上的"四川味"，那是我经常宴客之处。小店里的大曲和棒子鸡是曾祺的恩物。照例也是酒酣耳热，狂言惊坐。"四川味"有一个好处，离古书铺甚近，出酒馆，就踏入来青阁。我至今还对曾祺陪我逛书店充满了感激之情，他其实并不喜欢线装书，曾祺晚年写过一篇谈廉价书的文章，极力推崇一折八扣书，我看得出，那是发泄陪我走书坊，看"善本"的无聊、厌烦之反感。当时我初入买旧书之门，对"善本"只能有看的资格。所买多是残本书，曾祺在文字中明言说过我喜欢买残明本云云。言外之意，我是明白的。

选书既毕，两人醉醺醺地提了一摞旧书，乘三轮车（当时出租汽车只供"高等华人"所用的），赶往霞飞坊巴金家去谈天。那摞旧书不敢提进二楼客厅，只能放在门口外面。

这段美好的岁月，黄裳在多篇文章都有回忆，在《关于巴金的事情》一文中，黄裳说："1946年夏，我从重庆回到上海，到霞飞坊59号去访问，又见到巴金和萧珊。从这时起，我就成为他们家里的常客……二楼是吃饭和会客的地方，一张圆台面以外，就是几只破旧沙发，这破旧的沙发，就是当时我们称之为'沙龙'

的地方。朋友来往是很多的，大致可以分为巴金的和萧珊的朋友两个部分。不过有时界限并不那么清晰，像靳以，就是整天嘻嘻哈哈和我们这些'小字辈'混在一起的。萧珊的朋友多半是她在西南联大的同学，这里面有年轻的诗人和小说家，好像过着困窘的日子，可是遇在一起都显得非常快乐，无所不谈，好像也并不只是谈论有关文学的事情。"这些年轻的诗人、小说家里，就有汪曾祺。黄裳在《伤逝——怀念巴金老人》一文中，进一步说："女主人萧珊好客，59号简直成了一处沙龙。文艺界的朋友络绎不断，在他家可以遇到五湖四海不同流派、不同地域的作家，作为小字辈，我认识了不少前辈作家。所谓'小字辈'，是指萧珊西南联大的一群同学，如穆旦、汪曾祺、刘北汜等。巴金工作忙，总躲在三楼卧室里译作，只在饭时才由萧珊叫他下来。我们当面都称他为'李先生'或'巴先生'，背后则叫他'老巴'。'小字辈'们有时请萧珊出去看电影，坐DD'S，靳以就说我们是萧珊的卫星。"对这一段生活记忆犹新的还有穆旦，他在1973年10月给萧珊的朋友杨苡的信里，回忆当年霞飞坊59号的情景，亲切地说："那时是多么热闹呵。靳以和蕴珍，经常是互相逗笑，那时屋中很不讲究，厨房是进口，又黑又烟熏，进到客室也是够旧的，可是由于有人们的青春，便觉得充满生命和快乐。汪曾祺、黄裳、王道乾，都到那里去。每天下午好像成了一个沙龙。我还记得巷口卖馄饨，卖到夜晚十二点；下午还有卖油炸臭豆腐，我就曾买上楼，大家一起吃。那时的情景还历历在目，可是人呢？想起来不禁惆怅。现在如果黄裳再写出这样一篇文章来，那就更觉亲切了。"(《穆旦诗文集》第2卷，人民文学出版社，2006年，第141页）关于巴金家的"沙龙"，很多年后的 1990 年，汪曾祺在散文《寻常茶话》里，对这一段生活有所回忆："1946 年冬，开明书店在绿杨邨请客。饭后，我们到巴金先生家喝功夫茶。几个人围着浅黄色的老式圆桌，看陈蕴珍（萧珊）'表演'：濯器、炽炭、注水、淋壶、筛茶。每人喝了三小杯。我第一次喝功夫茶，印象深刻。这茶太酽了，只能喝三小杯。在座的除巴金先生夫妇，有靳以、黄裳。一转眼，43 年了。靳以、萧珊都不在了。巴老衰病，大概没有喝一次功夫茶的兴致了。那套紫砂茶具大概也不在了。"黄裳在《也说汪曾祺》一文中也回忆喝功夫茶的经历，又说："在巴金家里，他实在是非常'老实'、低调的。他对巴金是尊重的（曾祺第一本小说是巴金给他印的），他只是取一种对前辈尊重的态度。只有到了咖啡馆中，才恢复了海阔天空、放言无忌的姿态，月旦人物，口无遮拦。这才是真实的汪曾祺。当然，我们（还有黄永玉）有时会有争论，而且颇激烈，但总是快活的，满足的。"

就这样，以巴金家为媒介，汪曾祺、黄裳、黄永玉三个年轻人成为知交好友，经常在一起吃吃喝喝、闲谈吹牛，当然更多的是交流文学艺术、创作心得、古籍版本，后来人称他们为沪上"三剑客"。

在上海这段时间，汪曾祺不仅在文学创作上迎来了爆发期，创作了大量的小说、散文，创作思想也逐渐发展、成熟。在给唐湜的信中，他说："我缺少司汤达的叙事本领，缺少曹禺那样的紧张的戏剧性。……我有结构，但这不是普通所谓结构，虽然我相当苦心而永远是失败，达不到我的理想，甚至冲淡我的先意识状态（我杜撰的一个名词）的理想。我要形式，不是文字或故事的形式，是人生，人生本身的形式，或者说人与人的心理恰巧相合的形式（吴尔芙、詹姆士，远一点的如契诃夫，我相信他们努力的是这个）。也许我读了些中国诗，特别是绝句，不知不觉中学了'得鱼忘筌，得义忘言'的方法，我要事事自己表现，表现它里头的意义，它的全体。我也去想法让它表现，我先去叩叩它，叩一口钟，让它发出声音。我觉得这才是客观。我的 absent in mind 时候也许我在听吧，听或近或远汩汩而来的回声余韵吧，如果你不以为我是在说谎。我想把我拟编的一个集子名为《风色》。司空表圣的'风色入牛羊'我颇喜欢，风色是最缥缈，然而其实是最具实在的。"这封信，被唐湜引用在为其写作的评论《虔诚的纳蕤思》里。汪曾祺的这封信应该很长，仅从唐湜摘出的这一段里，就已经感觉到汪曾祺在写作上的孜孜追求了。而我们还由此得知了他小说集不是后来大家熟知的《邂逅》，而是叫《风色》。对于他要出版的这本集子，最终由巴金主持的文化生活出版社于1949 年 4 月出版了。当初，得知巴金要为他出书的消息后，还欣喜地报告给了沈从文，最后对稿费用途也做了安排："为父亲买个皮包，一个刮胡子电剃刀，甚至为他做一身西服！"汪曾祺创作思想的演进，在给师友的信中大体有所表现，但像对青年评论家唐湜说得这么细致，却是不多见的。据唐湜在《虔诚的纳蕤思》里录的汪曾祺的另一封信（片断），更可看出他对于小说创作的探索的认真和追求："我现在似乎在留年光景，我用得最多的语式是过去进行式（比'说故事'似的过去式似稍胜一筹），但真正的小说应当是现代进行式的，连人，连事，连笔，整个小说进行前去，一切像真的一样，没有解释，没有说明，没有强调、对照的反拨、参差，……绝对的写实，也是圆到融汇的象征，随处是象征而没有一点象征意味，尽善矣，又尽美矣，非常的'自然'。"这可是 1940 年代汪曾祺的想法啊，现在读来，还是那么先进、深刻而有道理。

1948 年 3 月，因为施松卿在北京大学教书，汪曾祺告别上海，经天津，到达北京，正式告别了沪上"三剑客"时期。

如果把汪曾祺的文学创作分为三个高峰期的话，昆明七年算是初期，包括他读书时的许多习作；上海一年多的"三剑客"时期算是第二个高峰；第三个高峰期应该是 1980 年代初期的几年。而上海时期尤为重要——初期带有某些探索的意味，后期已经是人生晚年，文风定型；而上海的一年多时间，思想最为活跃，不仅创作量大，风格也多样，是值得研究家非常重视的时期。

2016 年 12 月 10 晚 23 时写于北京草房荷边小筑，11 日上午改定。

汪曾祺和花果山

汪曾祺有三种文字和连云港有关：散文、诗、联。

散文叫《人间幻境花果山》。

一联云："满纸荒唐西游记，太虚幻境花果山。"

一诗曰："刻舟胶柱真多事，传说何妨姑妄言。满纸荒唐《西游记》，人间幻境花果山。"

联和诗都没有单独发表过，作为散文内容的一部分，写进了《人间幻境花果山》一文里，在《连云港文学》1984 年第一期上发表。

汪曾祺游览花果山，诗、文、联并举，在他的文事活动中，并不多见。汪曾祺在新时期文坛大红大紫后，受到许多地方文联或杂志社的邀请，这家请，那家带，或是给文学爱好者讲学，或是参加笔会。汪曾祺在参加讲学和笔会的同时，都会游览当地的风景名胜，大都有文字留下来，有的是散文，有的是诗，有的是联，也有时诗、文并举。这次连云港之行，三种文体都有，可见他对花果山印象之深。

　　那么他是因何到连云港的呢？

　　原因很简单，1983 年 11 月 26 日，他应徐州市文联的邀请到徐州讲学。徐州市文联能邀请汪曾祺，可能和赵本夫有关。汪曾祺和赵本夫在 1982 年同获全国优秀短篇小说奖，二人一见如故，据说赵本夫还拜了汪曾祺为师。后来，赵本夫调到南京后，汪曾祺还专门给赵本夫画一幅画，画上题写一首"赠赵本夫"诗："人来人往桃叶渡，风停风起莫愁湖。相逢屠狗毋相迓，依旧当年赵本夫。"赵本夫曾担任过徐州市文联的领导，邀请其老师到徐州露露脸，架架势，也在情理之中。汪曾祺在徐州的活动很密集，又是讲学，又是游览，还和作者座谈。活动结束后，不知是早有安排，还是他个人提出，于本月 29 日早上乘火车转道连云港，来看看充满神秘与童话色彩的东部山海风光。

　　连云港和徐州虽然同属苏北地区，文化差异极大，徐州更接近中原文化，而连云港属于"三不沾"，往西，和西部的中原文化相差甚远，往北，和北部的齐鲁文化挨不上边，往南，和南部的吴越文化更不搭界。但三地文化又或多或少地对连云港有所影响，有所熏陶。连云港靠山临海，独特的气候流变，让连云港的山海风光和别处不大一样，三天两头"云山雾罩"，南北植物汇集云台山互生互长，就连海水，也出现一种只有连云港海域才会出现的"火星潮"——明亮的月光下，蓝色的浪花鳞片一样，拍打在礁石上，"火焰"四溅，十分迷人。汪曾祺的家乡高邮，同属大苏北，大约早就听说过花果山的神奇、浪漫了，虽相隔不远，却一直没有机会来游玩，这次连云港之行，大约有所期待了。

　　1983 年 11 月 29 日下午，汪曾祺不顾舟车劳顿，给连云港作者讲了一堂生动的文学课，题目叫"谈谈小说创作"，演讲地点在连云港市教育局大会议室。那时的连云港市教育局在解放路上，和汪曾祺入住的同在解放路上的市一招相距很近，步行也就几分钟的时间。据当时听课的江先生讲，汪曾祺六十刚出头的样子，戴一顶鸭舌帽，穿一件呢大衣，精气神非常好，听众不少，不仅有来自县区的业余作者，还有教育局机关的文学爱好者。主持这次演讲的是时任《连云港文学》的主编姜威。姜威是民间文学家，对连云港地方民间传说和民俗风情十分精通，写下多篇关于花果山、吴承恩和《西游记》的民间故事，还出版过这方面的专著。多年后，姜威在散文《与名家的亲密接触》里，这样描写了汪曾祺当时讲课的形态："眉飞色舞，声调铿锵，时而起，时而坐，身姿、手势与讲述的内容密切配合，把小说创作之道讲了个酣畅淋漓。"大约是汪曾祺演讲结束后，姜威把第二天游览花果山的行程告诉了汪曾祺。晚上，在连云港市政府第一招待所的房间里，汪曾祺就信笔作诗一首，便是上述所引的那首"刻舟胶柱真多事"，写罢，意犹未尽，又作联一副："西游记满纸荒唐，花果山千秋梦幻。"这才安心入睡。谁知，第二天游览花果山时，受花果山美丽景色和神奇传说的启示，又改联曰："满纸荒唐西游记，太虚幻境花果山。"

这么说来，汪曾祺撰写的和连云港有关的文字应该有四种了，一诗，一文，二幅联。

到连云港旅游，上山下海是必需的两个项目。1983 年 11 月 30 日上午，汪曾祺在姜威等人的陪同下，游览了花果山。花果山是中云台山脉的一部分，山势险峻，怪石嶙峋，古木参天，藤草密布，泉水潺潺，溪流淙淙，各种稀奇古怪的传说很多，其中许多传说都被吴承恩写进了《西游记》。当然，也有些传说是根据《西游记》演绎而来的。姜威是这方面的专家，由他陪汪曾祺游花果山太对了，一路上，少不了对汪曾祺讲了花果山的传说。花果山三元宫附近有两棵美人松，有着数百年的历史，几百年来，苏北、鲁南一代的香客到三元宫烧香，都要到美人松下朝拜，但八十年代初却突然死掉了，就有了新传说，说是被庙里的和尚搂过，羞愧而死。另外，三元宫山门前的拐杖柏，传说是太白金星手里的拐杖，当年孙悟空大闹天宫时把它偷了来。后来孙悟空保驾唐僧去西天取经，太白金星也没有要回去，就留在山门前看山护院了。山腰下的九龙桥，是九条溪涧汇集处，当年龙王的九个儿子就是在这里分家的。当然还有"水帘洞""八戒石"等传说了。汪曾祺对这些传说都很感兴趣，觉得吴承恩写《西游记》受此启发应该无错。

　　游览一天的汪曾祺回到市区后，仍不觉得累，本来姜威可以陪他回"一招"吃饭。但姜威热情邀请他去家里便宴，汪曾祺爽快答应了。在一招附近的路边菜摊上，看到有卖狗肉的，奇香无比。汪曾祺说晚上什么都不要，就这个好。姜威便"切上二斤"，晚餐就是就着狗肉喝酒的。汪曾祺边喝边吃边夸狗肉好，比北京的好。原来，连云港的狗肉和别处的做法不太一样，俗称"狗肉冻子"，是煮熟的狗肉撕碎，放在各种调料调好的狗肉汤里，再煮透后，冷冻在一个盆里，狗肉汤呈果冻状，汤里夹裹着狗肉，吃起来筋拽拽的。几杯酒下肚，姜威乘兴请教文学："汪先生话匣大开，谈小说，谈散文，谈小品，谈取材，谈构思，谈语言，谈风格，结合他的创作实践，'观点'与'论据'随心涌出，洗耳恭听后多有启蒙。"（姜威《与名家的亲密接触》）也是在这次家宴上，姜威向汪曾祺约稿，汪曾祺爽快答应了。

回京以后，汪曾祺于 1983 年 12 月 12 日，写成散文《人间幻境花果山》，还把在连云港就写好的那首诗，抄成书法小条幅，一起寄给了姜威。作为《连云港文学》主编的姜威，立即把这篇散文编发在次年第一期上。这篇散文，在汪曾祺的诸多散文中，算不上出类拔萃，但仍是汪氏风格，对花果山的来历做一个简单的叙述后，开始描写这次登山看到的风景："银杏的树龄多在千年以上，老干婆娑，饶有古意。银杏虽然结果，但大家都不拿它当果树看，所谓果，通常指的是水果。然而，从前山上的花果是颇多的。崔应阶云此山，多古木，杂植花树，殆以万计，实为大观。吴承恩如果上过云台山，他虽然不一定看到《西游记》里所写的'瑶草奇花不谢，青松翠柏长春。仙桃常结果，修竹每留云'的景象，但和今天肯定是很不一样的。"在说到花果山著名的景点水帘洞时，汪曾祺说得更为详细："水帘洞的洞口作'人'字形，像一间屋。旧记：'洞中石泉极浅小，冬夏不竭，泉甚甘美。'这口泉今犹可见。这样高的山洞里有泉水，倒是很新鲜的，极易让人产生美丽而久远的联想。"可能是听说有人怀疑过花果山水帘洞吧，汪曾祺有代为水帘洞证明的口气考证道："水帘洞倒是在吴承恩写《西游记》之前就已经有了，并非有了《西游记》而附会出来的。明朝人顾乾《云台三十六景》里的一景是'神泉普润'，记云，三元殿东上一里许有水帘洞，刺史王同题曰：高山流水。又题曰：神泉普润。王同石刻今犹在。"

汪曾祺的这次连云港讲学和花果山游览，还催生了陪同者的两篇文章，时任《大风》编辑的董尧和时任《连云港文学》主编的姜威，分别写了《云台遐想——陪作家汪曾祺登览港城名山》和《汪曾祺作客寒舍》，姜威的文章发表较晚，直到 1997 年 1 月 8 日，才发表在《连云港日报》上。当然，姜威后来还写了《与名家的亲密接触》一文，也算是汪曾祺登临花果山的后续吧。在花果山九龙桥上，汪曾祺和姜威、董尧有一张合影，汪曾祺居前，穿一件人字呢短大衣，戴鸭舌帽，目光前视，挺精神。这张照片发表后，不知为什么，我感觉这件短大衣有些不合身，衣袖肥大，式样过时。

汪曾祺来连云港，一时成为港城文艺界传诵的佳话。许多名山大川都因名人而更有名，连云港人要是把汪曾祺关于花果山的诗、联、散文刻石在这座仙山上，也许会给花果山增色不少吧。

补记：

2016 年 7 月 8 日至 12 日，江苏省第六届书展在扬州举行，王干先生主编、广陵书社出版、北京鸿儒文轩制作的"回望汪曾祺"一套五种图书参展，出版方邀请这套丛书的部分作者参加首发式，我作为丛书策划者也受到邀请。8 日报到的晚上，我在扬州会议中心的某间客房里，见到了汪朗。我和汪朗早就是熟人，在这种场合，必然会聊汪曾祺。说到老爷子身后的作品出版热时，汪朗的眼睛有些潮湿，说，这种现象确实奇怪，跟他同时代的、名气当年比他还响的作家，现在基本在书市上消失了。其实，这种现象并不奇怪，有的作家身前很热闹，有的作家死后才热闹。全国有这么多"汪迷",并不是偶然的(暂不讨论)。又因我提到老爷子当年的连云港之行,汪朗又说到许多家事。和这篇短文有关的是,当年汪曾祺来连云港时穿的那件呢料短大衣,是汪夫人托人从西藏买来的,料子不算顶好,厚,压风。汪朗说,这块料子做一件长大衣有些浪费,只好做两件短的。父子俩一人一件,衣服是在新街口一家二级裁缝店做的,是汪朗排队取的号,然后在约定时间里,父子俩又去量体裁衣,等了不少天才拿到大衣。汪曾祺这次苏北徐州、连云港之行,就穿上这件新做的"厚、压风"的短大衣出行了。汪朗也说到裁缝店的手艺不怎么样,衣服做得也就勉强能穿罢了。难怪我从照片上都看出汪曾祺的衣服有些不合身了。

2016 年 7 月 13 日于北京草房荷边小筑。

卷 二

"汪学" 的探路之作
——简述王干先生《夜读汪曾祺》

　　《夜读汪曾祺》是王干先生三十余年来研究汪曾祺文章的结集，也是汪曾祺研究领域的重要成果，可以说是近年悄然兴起的"汪学"的探路之作。

　　说是"探路"之作并非夸张，一来，王干是新时期以来最早系统研究、评论汪曾祺的评论家之一；二是以专著形式批评、介绍汪曾祺，该书是最具独特的一本——书中收录的文章，不仅有对汪曾祺作品的评价，有对汪曾祺书画艺术的论述，还有对其为人、为文、生活情趣等多方面的介绍，属于多视角、多维度、立体式。倾读是书，能让读者全方位认清这位"中国最后一位士大夫"的真实面目；三是，王干还是新时期以来，和汪曾祺接触最为密切的朋友之一，从他对汪曾祺的称呼上就可见一斑，最早称汪老师，后称汪老、汪先生，最后随家人直呼"老头儿"；四是，王干和汪曾祺是同乡，在同一种风俗、气候和人文环境里度过了童年、少年时光，最能体察和品味汪曾祺的文学情怀和行文风范。而"汪学"渐有风气，王干这本以综合性评论文集出版，恰是时候。所以说，《夜读汪曾祺》是"汪学"的探路之作并非虚张声势。

随着汪曾祺的作品不断被重新编排出版、再版、重印，不断有佚文被发现，让广大"汪迷"（汪粉）欢呼不已，"汪学"也在这股风潮中逐渐形成。和汪曾祺文学作品热度不断升温相比，"汪学"研究虽然有些"低调"，也渐渐形成共识，即汪曾祺是他这一代作家中最有可能被传下去的大师。在这一"大气候"熏染下，一批"汪研"成果应用而出，东北师大徐强历多年心血完成的《人间送小温——汪曾祺年谱》（其实这部年谱只是"简编"，长达八十余万字的"长编"也即将出版）就是代表；孙郁的《革命时代的士大夫——汪曾祺闲录》也是一本比较全面评价汪曾祺的"汪学"专著；金实秋的《汪曾祺诗词选评》则事无巨细地从各处打捞出汪曾祺散落在文章、书籍、题画、书法及书信当中的诗词楹联，并作详细的考证、点评、解析；刘涛选编并点评的《汪曾祺论沈从文》则是把汪曾祺写沈从文的相关文章汇编一册，读者可以从中读出沈从文和汪曾祺之间的师承关系；李建新选编的《汪曾祺书信》也新鲜问世，该书首次较全面地集中出版汪曾祺的书信，书中透露很多有价值的内容。还有人民文学出版社历经多年整理的具有学术价值的《汪曾祺小说全编》。毕飞宇、李建军、陆建华等作家、评论家也有关于汪曾祺的评论发表，比如李建军，今年就接连发表两篇关于汪曾祺的评论，一篇是发表在《文学评论》上的《中性风格的魅力与局限——平心试论汪曾祺》，另一篇是《孙犁何如汪曾祺？》。特别是前者，在 18000 字的长文中，李建军"试图在开阔的语境中，分析汪曾祺在语言方面所表现出来的自觉意识和成熟风格，以及他在古今中外文学经验的'打通'方面，所提供的理念，所取得的成就；本文还建构了一个由强性风格、亚型风格、中性风格和弱性风格等概念构成的阐释框架，并据此揭示了汪曾祺的追求'喜悦'和'诗化'的中性风格的魅力，分析了他的小说理念的偏颇、趣味倾向的单一和叙事方式的局限"（《文学评论》导语）。这篇文章是近年来少见的评论汪曾祺的力作。在《孙犁何如汪曾祺？》中，李建军把孙犁和汪曾祺放在一起进行有趣的比较，他开宗明义："这两个人的性格和趣味，他们的文学理念和写作风格，到底有何异同？他们之间的文学'交往'，又反映着什么样的微妙关系和潜在冲突？"应该说，这样的比较非常有价值有意义，深得广大"汪粉"的喜爱。两篇文章一经发表，就在"朋友圈"中热转。

这些专著和评论的出版，都证明了"汪学"风潮正扑面而来。

另外，作家出版社、山东画报出版社、江苏文艺出版社、河南文艺出版社、九州出版社、上海三联书店出版社、花城出版社等多家出版社争先恐后地出版、再版、重印汪曾祺的著作，也为这股风潮推波助澜。

《夜读汪曾祺》在这股出版风潮中的独特之处，就是提出了汪曾祺是"被遮蔽的大师"这一新概念，"我们一直呼唤大师，也一直感叹大师的缺席。但有时候我们常常容易忽略大师的存在，尤其是大师在我们身边的时候，我们会选择性地失明。有一个作家去世十八年了，他的名字反复被读者提起，他的作品被反复重版，年年在重版，甚至比他在世的时候，出版的量还要大。我们突然意识到一个大师就在我们身边，而我们却冷淡了他，雪藏了他。他就是汪曾祺。"王干如是说。

《夜读汪曾祺》一书所收的文章，大致从三个方面来阐述、评论汪曾祺的文学作品及其诗意人生。其一是针对汪曾祺的小说、散文，如《有志者的困局》《难得的暖意》《美丽的梦，伤感的诗，文化的画》《淡的魅力》《汪曾祺风俗小说评论》等，分别对小说《徙》《岁寒三友》《晚饭花（小说集）》《受戒》《大淖记事》和散文《故乡的食物》《葡萄月令》等名篇进行评价和解析，从多重角度分析了汪曾祺作品的文学价值、美学趣味和诗学意义，对汪曾祺小说中所体现出的诗化、风俗化、散文化、意境化和抒情精神进行准确的批评。其二是从理论上论述了"汪曾祺现象"的由来和形成。这方面的篇章有《被遮蔽的大师》《透明与滋润》等，告诉我们，"汪曾祺的光芒，来自于他无人能替代的独特价值"；汪曾祺的价值"在于连接了曾经断裂多时的中国现代文学和当代文学"；汪曾祺的另一个价值"在于他的作品激活了传统文学在今天的生命力，唤起人们对汉语文字的美感"；"还在于打通了文学创作与民间文学的内在联系，将知识分子精神、文人传统、民间情怀有机地融为一体"。其三是关于汪曾祺生活情趣的描摹，《像汪曾祺那样生活》《翰墨丹青 隔行通气——汪曾祺的书画美学》《汪曾祺印象记》《美食家汪曾祺》《父子美食家》等是这方面的代表，把汪曾祺文学之外的生活情态展现了出来，包括书法、绘画、美食、游览等，从中能看出汪曾祺日常生活中的真实性情，极大地丰富了"汪学"的内涵。阅读这些文章，对研究汪曾祺的创作风格、文学趣味和文学立场的形成，无疑将大有裨益，也是"汪学"研究的重要一部分。

《夜读汪曾祺》一书的贡献，不仅仅是揭开了汪曾祺被"遮蔽"的面纱，还在于开辟了中国现当代文学研究领域的一个新领地——汪曾祺身上还有许多"宝藏"有待开发，他的小说，他的散文，他的戏剧，他的诗词，他的书法和绘画，他的诗意和名士风采，他作品前后的风格演进，他和同时代作家的比较研究，他的散文和中国古代散文的比较研究等等，都有待研究者去发现和开拓。《夜读汪曾祺》一书已经在这方面做了可喜的探索，基本上为"汪学"起了个头，而且这个开头的调子正正好，起点正合适，把"汪学"带进了健康的研究轨道。因为汪曾祺已经够得上这个量级，他身后的作品热，是市场检验出来的，是读者发自内心的，因而才衍生出庞大的"汪迷"群体。这个群体有爱书人、读书人、著书人、藏书家、研究家、作家和艺术家，更有很多普通民众，无一例外的都是被他的作品所迷倒，所崇拜。在为《人间送小温——汪曾祺年谱》写的序文《寻找汪曾祺的足迹》中，王干直言不讳地认为："随着时间的推延，随着文学本身大浪淘沙的洗礼，汪曾祺的价值在显现，尤其作为文学教父的身份正慢慢地凸显。"在说到汪曾祺及其作品时，又说："作家的平凡肉身，如世间所有生命，根本无法摆脱或缓解时间巨大的推力。好在有文学，文学说到底，不过是一门对抗时间的艺术。好的文学作品总是能够抵抗时间的落差，经久传世。"是啊，在时间流水的淘洗、冲刷中，汪曾祺"三维起来"，"立体起来"，伟大起来，"汪学"适时地发展起来。在这篇序文中，王干还引用了铁凝在汪曾祺逝世十周年上的讲话："汪曾祺先生是当代中国文学界的一位大师，他的文学成就一直受到文学界的高度肯定，他的作品深受广大读者的喜爱。"我觉得铁凝的话恰如其分，王干引用的也恰到好处。

通过王干的这本《夜读汪曾祺》，通过他对汪曾祺及其作品的解读、批评，汪曾祺在文学上的大师风采和在生活中的趣闻轶事，真实地重现在我们面前。"汪学"的雏形也在《夜读汪曾祺》中就此诞生，同时也必将推动和引领"汪学"健康地向前发展。

2016 年 8 月 8 日初稿于北京五里桥。

林斤澜文章里的汪曾祺

林斤澜写了多年小说，后来也写散文随笔，总量不比小说少。

林斤澜的散文随笔，特别是与创作有关的随笔，谈鲁迅的最多，"开口必谈鲁迅"成为一段时间的"常态"。谈鲁迅，又以谈鲁迅的小说居多。谈鲁迅的小说，又以谈《孔乙己》为最。

除了谈鲁迅，就是谈汪曾祺了。

林斤澜和汪曾祺的故事能说很多，一起喝酒，一起出游，一起参加笔会、研讨会、对话会。二人也惺惺相惜、互相欣赏，也抬过杠，在近半个世纪的交往中，汪曾祺写过林斤澜，比如《林斤澜的矮凳桥》。而林斤澜写汪曾祺的则更多，粗略统计一下，谈汪曾祺的文章有：《真与假》《散文闲话》《呼唤新艺术——北京短篇小说讨论会上的发言》《风情可恶》《"若即若离""我行我素"——〈汪曾祺全集〉出版前言》《短和完整》《点评〈陈小手〉》《拳拳》《嫩绿淡黄》《旧人新时期》《注一个"淡"字——读汪曾祺〈七十书怀〉》《纪终年》《〈纪终年〉补》《安息》《汪曾祺：一棵树的森林》等，这些篇目中，只有个别篇目是附带写的汪曾祺，其余都是专门写汪曾祺的，写人、谈文、记事的都有，有的文章写于汪曾祺生前，有的写于汪曾祺去世以后。另外还有几次和汪曾祺等人对谈的"对话录"，如《关于现阶段的文学——答〈当代文艺思潮〉编辑部问》《社会性·小说技巧》《漫话作家的责任感》等篇。至于在多篇文章或讲课中列举汪曾祺的相关言论和对汪曾祺作品的点评，就更是不计其数了。

那么，林斤澜都是怎么说的呢？

1986 年的某个时候（《林斤澜全集》所收的文章都没有写作日期和发表日期），在中国作家协会鲁迅文学院里，林斤澜有一个讲话（授课），说到"小说散文化"的时候，林斤澜说："好的散文化小说家，主要是靠感情。这种感情表现也不是一般化的。散文化小说写得好的有许多人，其中在老作家中汪曾祺可以算为一名，他的小说确实是散文化、具有散文美。他自己是主张散文化的，汪曾祺的作品是拥有广大读者的，有些读者甚至是到了崇拜的地步，迷上了汪曾祺的作品。"然后，又讲汪曾祺的《受戒》，认为《受戒》中写"佃户的生活是很好的，庙里和尚们的生活也是很好的，小说中表现的生活是很温暖的，所写的恋爱故事也是很美的，一点也没有掺上阴暗的色彩，写得很宁静。汪曾祺小说创作像一面明净的玻璃窗"。关于汪曾祺小说"散文化"的论述，林斤澜洋洋洒洒讲了几分钟。从后来以这个讲话为基础整理的文章看，谈汪曾祺的那一段，有千余字。

关于这篇《受戒》，林斤澜除了在讲课时经常作为例文讲解，还津津乐道地多次在文章中提及，在《真与假》里，他说：《受戒》

很散文化，"这里一段，那里一段，并不按照一条线索把它组织起来，是散的，它写的是解放前和尚在庙里的事，既没有反映宗教问题，也没有反映人与人之间的压迫与被压迫的关系，但作品中的那些片断和细节后面，隐蔽着这样一个东西，就是生活的欢乐，健康的、正常的、青春的欢乐"。在《拳拳》一文里，又分了若干个小标题来谈，在《多能钥匙》一节中，林斤澜又从美学意义上，对《异秉》《受戒》《大淖记事》等名篇进行了分析，他说："汪多次表白'追求和谐''不求深刻'。小说若分'求美''求真'两条路，他的名篇都因由'美学情感'的启动。"又说："当今官场看中长篇，商场看好长篇，文场百儿八十万不稀罕。沈汪师徒都做短篇胜业，七八十年前，沈就说短篇于官场商场都没有出路。只有极少数人为艺术，才写短篇，结论竟是短篇必有前途。前几年汪一再说：'短，是现代小说的特征之一。''短，才有风格。现代小说的风格，几乎就适于短。''短，是出于对读者的尊重。''短，也是为了自己。'"这里所说的沈，就是汪曾祺的老师沈从文。林斤澜对汪曾祺关于短篇小说的议论列举了这么多，是同意汪曾祺的观点的，即，小说要写短。其实，观察林斤澜一生的创作生涯，他都是短篇小说的实践者，也是以短篇扬名立万的。他的小说，在描写上，叙事上，都十分的细致、细腻、精道，点点滴滴累积于心，有福楼拜的风采，而他的小说语言也很考究，经嚼，别有特色。仅在"短的立场上，汪、林是心心相通的"。

在《旧人新时期》里，说到汪曾祺发表在《收获》上的《〈桥边小说〉后记》里："我要对'小说'这个概念进行一次冲决……"林斤澜很有感慨地认为"冲决"二字很"戳眼"。"论他的为人，

似是'冲淡';论他的年纪,又不宜'冲刺'。'冲决'和'冲刺'
当然不同,但六十大几,'冲决'就差不多是'冲刺'了。"老
朋友到底是互相了解的。对于汪曾祺所说的"冲决",他自己何
尝不是这样呢? 八十年代他在老家待了一阵子,回到北京写了一
批小说,也带有"突击""冲决"的意味,而且还有变革。汪曾
祺在《林斤澜的矮凳桥》里,对林斤澜从温州回来后的小说变革(矮
凳桥系列)表示肯定,"这回,我觉得斤澜找到了老家。林斤澜
有了自己的思想,自己的感情,自己的语言,自己的叙述方式,
于是有了真正的林斤澜的小说。每一个作家都应当找到自己的老
家,有自己的矮凳桥"。

　　汪曾祺去世不久,林斤澜在北京短篇小说讨论会上有个发言,
后来别人整理成文章的题目是《呼唤新艺术》。发言中,林斤澜说
"专攻"短篇小说的作家有不少,他"首先想到汪曾祺"。又透露说:
"这个短篇讨论会,我和曾祺说过,鼓励他到会。他说有什么好
说的呢? 我说你最近在别的场合说过两句话,都是一提而过,没
有展开。一句是你用减法写小说。再一句是没有点荒诞没有小说。"
毕竟是老朋友,知根知底,林斤澜是想让汪曾祺的"小说观"有
更广泛的普及的。但,林斤澜伤感地感叹道:"天有不测风云,
言犹在耳,他可是来不了啦。两句话三句话的也听不见啦。"接下来,
林斤澜又展开来谈汪曾祺的"小说观":"曾祺青年'出道'时节,
就吸收'意识流',直到晚年写作'聊斋新义',把现代意识融
进古典传奇。他说没有荒诞没有小说,由来已久。"也是在这个
发言中,林斤澜透露另一个信息,就是北大教授钱理群曾在一次
会议上,带来一篇汪曾祺的随笔《短篇小说的本质》,钱理群当

时很兴奋，因为汪曾祺本人已经忘了有这篇文章，从未收入过集子，属于一篇"佚文"。钱先生在会上念了几段，汪曾祺关于"用减法写小说"和"没有荒诞没有小说"的两句话的意思，这篇文章里全有了。这篇文章发表在四十年代的《益世报》上。从林斤澜、钱理群的言谈中，可以发现，汪曾祺从年轻到老年，他的创作方法和文学观念是一以贯之的，难怪林斤澜要反复讲了。

顺便在这里说一句，在较长的一段时间内，文学界认为汪曾祺的处女作是1941年3月2日发表在《大公报》上的短篇小说《复仇》，2001年出版的《老头儿汪曾祺——我们眼中的父亲》（作者汪朗、汪明、汪朝），也"确认"《复仇》是汪曾祺的第一篇小说。书中写道："爸爸1941年3月2日在《大公报》上发表的小说《复仇》，就是沈从文先生介绍出去的。这是现在可以查到的他所发表的最早作品。"后来经学者李光荣考证，汪曾祺发表的第一篇作品，也是第一篇小说，是《钓》。《钓》发表于1940年6月22日昆明的《中央日报》上。2016年4月出版的《汪曾祺小说全编》（人民文学出版社），收录汪曾祺新发现的小说27篇，有24篇小说发表于20世纪40年代的报刊，《钓》作为汪曾祺的处女作，也被第一次收入。《钓》就是一篇"意识流"小说。

正是因为汪曾祺出道是在"四十年代"而林斤澜是在"五十年代"开始发表作品，所以林斤澜在作家的"年代"上，几次说汪曾祺虽然只比他大三岁，算是早一个"代"了。对这个早一代的汪曾祺，林斤澜说他也有"癖"，比如汪曾祺很"反感"林斤澜对"风情"一词的运用。这可能是汪曾祺不多的"固执"而可爱的地方吧。

此话还要从"矮凳桥"系列小说说起。以"矮凳桥"命名的系列小说,是林斤澜一生中重要的文学创作,共有二十多篇,结集有《矮凳桥风情》。在这部集子的出版前后,汪曾祺对"风情"一词,有自己"固执"的看法。在《风情可恶》一文中,林斤澜说:"不少人称汪是'士大夫文化''一脉相承','锤字练句的能手','深得×××要领',等等。赞语不偏,不过须知不偏的后面,也有癖在。"这里所说的"癖",就是针对"板凳桥"书名里的"风情"二字的。林斤澜接着说:"比方说'风情'两字,汪岂不知在古代,是风采与情趣的意思,或自然风光和人文情怀的混合,或专指男女相悦的情爱,今人也可作风俗人情的简写。汪其实最善写'风情',小说散文无不'风情盎然'。说他不喜欢这两个字,人有爱信。说是厌恶,又怎么叫人信得下来呢!"这段话,听起来,是林斤澜帮汪曾祺在"辩解",似乎汪曾祺本意不是这个意思。

汪曾祺本来只知道林斤澜写了"矮凳桥"系列小说,后来听说有了"风情",立刻大叫"不好"。如果去掉"风情"二字,只叫《矮凳桥》,可能更能让读者发挥更开阔的想象吧。但加上"风情",为什么不好,也不见汪曾祺的高论。后来不知是有意还是无意,汪曾祺在《林斤澜的矮凳桥》的评论中,压根就没提"风情"二字。不过评论中,对"矮凳桥"系列小说的把脉还是很准确的,认为:"林斤澜对他想出来的矮凳桥是很熟悉的。过去、现在都很熟悉。他没有写一部矮凳桥的编年史。他把矮凳桥零切了。这样的写法有它的方便处。他可以从不同角度来审视。横写、竖写都行。他对矮凳桥的男女老少可以呼之即来,挥之则去。需要有人写几个字,随时拉出了袁相舟;需要来一碗鱼丸面,就把溪鳗提了出来。

而且这个矮凳桥是活的。矮凳桥还会存在下去，笑翼、笑耳、笑杉都会有他们的未来。官不知会'娶'进一个什么样的后生。这样，林斤澜的矮凳桥可以源源不竭地写下去。这是个巧法子。"

《北京文学》创刊五十周年的时候，专门采访林斤澜，请林斤澜谈谈当年《受戒》带来的轰动效应。林斤澜说当时人们发现这篇小说时，惊呼："这是什么小说？""这是什么人？"在回答汪曾祺的语言魅力时，林斤澜说："写小说就是写语言。"这是林斤澜的真话。他自己的小说语言，都是经过反复推敲的，都很精简。他讲汪曾祺的语言，实际上也是自己写作语言的体会，林斤澜在最初接触文艺时，就认为"语言是一切思想一切事实的外衣"。说："汪曾祺的言出如'掷地'，读者听来'作金石声'。""汪曾祺说'写'语言，'写'，包括外衣与内容。是把语言玩到'顶格'去了。""八十年代里他还说'调理''文学语言'。这里用'调理'，不用通常爱用的'创新''树立''改造'。""还说到'在方言的基础上'，好比'揉面'，把'方言'揉进去，丰富营养。"林斤澜说的都是直点要害。汪曾祺在评论林斤澜的小说集《矮凳桥》时，说"斤澜有一个很大的优势，他一直能说很地道的温州话"，"他把温州话熔入文学语言，我以为是成功的"。这就是"揉面"。《拳拳》里有《放言方言》一节，林斤澜在调理文学语言时，也有一番议论："我以前比过揉面，要揉匀、揉透，要加水，要掺干粉。文学语言要不断揉进新鲜养分，不断地丰富。这是自己的面貌，也是民族的体态，也是文学的骨骼。这些养分大部分来自方言，或经过方言而来。一方水土养一方人，方言是一方水土的美，一方物质生产精神生产总和的味。"从林斤澜和汪曾祺对语言的阐释上，他俩是趣味相投的。林斤澜自己在《论短篇小说》里，也有专门关于语言的一段："小说究竟是语言的艺术，小说家在语言上下功夫，是必不可少的、终生不能偷懒的基本功。先前听说弹钢琴的，一日不练琴，自己知道。两日不练，同行知道。三日不练，大家都知道了。"

林斤澜用心用力的一篇文章是《汪曾祺全集》（北京师范大学出版社）的出版前言。关于这部"全集"，现在看来是不"全"的。但林斤澜这篇名为《"若即若离""我行我素"》的"前言"，却非常出彩，也别有特色，其形式是节录汪曾祺文章中的一个个片断，然后再对这个"片断"加上一段"注释"式的文字。比如汪曾祺在新时期的重新"出山"，就和林斤澜有关，文中，林斤澜先是引用了汪曾祺在1982年由北京出版社出版的《汪曾祺短篇小说·自序》中的关于自己创作的经历后，写道："'文革'噩梦过去两年后，北京文联在文化局饭厅一角，拉上布幕，放两张写字台，整理残部、收容散兵游勇……不久，北京出版社计划一套'北京文学创作丛书'，老人新人，旧作近作，挨个儿出一本选集，这是摆摆阵容的壮举。有说，不要忘了汪曾祺。编辑部里或不大知道或有疑虑，小组里问人在哪里，也素不认识。我说我来联系吧。其实就在本地本城，也就在文艺界内（京剧团）。连忙找到这位一说，不想竟不感兴趣，不生欢喜。只好晓以大义，才默默计算计算，答称不够选一本的。再告诉这套丛书将陆续出书，可以排列后头，一边紧点再写几篇。也还是沉吟着；写什么呀，有什么好写的呀……这个反应，当时未见第二人。"林斤澜这段"注释"，透露出三层意思，一是当时的北京市文坛，根本不知道有这么一位汪曾祺；二是汪曾祺的重新出山，是林斤澜"苦口婆心"才促成的；三是汪曾祺当时对重新"出山"并无多大兴趣，对写什么也没有兴趣。这次出山，这才有后来的《异秉》《受戒》《大淖记事》等名篇的问世。汪曾祺在1987年出版的自选集自序中，写道："我所追求的不是深刻，而是和谐。"对这句话，林斤澜大发一通感慨，对当时文坛的不和谐，含蓄地进行了论述，最后的定论是："和谐，这是一个作家的追求。"多年以后，"和谐社会"成为我们周围的关键词。

《短和完整》和《点评〈陈小手〉》两篇是专门谈《陈小手》的。《陈小手》是汪曾祺的名篇，谈论者很多，也被多次选进各种集子里，在小小说界，似乎更被叫响。这《陈小手》的两篇点评，林斤澜的观点是"短篇杰作"。关于《陈小手》的评论，我也多次听（读）过别人的评论，王干有一次说《陈小手》这篇小说，最值得玩味的地方是最后一句："团长觉得怪委屈。"掩卷细想，确实。小说的高潮是团长一枪打死救了他老婆和儿子的陈小手，而团长的委屈也是真实的委屈。汪曾祺这样处理，更真实，也更能冲击人心。最后这一笔，堪称大师！

林斤澜还有一篇长文，是读汪曾祺的《七十书怀》有感而发的，题目叫《注一个"淡"字》，这也是一篇"注释"式的文章。汪曾祺在七十岁生日时，做自寿诗《七十书怀出律不改》，诗中有一句"书画萧萧余宿墨，文章淡淡忆儿时"。正是"文章淡淡"，打开了林斤澜的话匣子：汪曾祺成名以后，各种评论都有，最贴切的，莫过于几个评论家的发言，大体统一了一种说法，即汪曾祺继承了源远流长的"士大夫"文化。"光'士大夫'这三个字，就表明了中华民族特有的东西。有人慨叹只怕这样的作家，以后不大可能产生了。因为那是需要从小开始的'琴棋书画'的熏陶，今后不大会有这样的境遇。"接着，林斤澜回顾了汪曾祺的"成长"史，从小时候听祖父念诗、看父亲画画写字，到从流亡学生到西南联大和沈从文的交往，再到当年的上海"三剑客"，一直到随夫人来北京、编杂志、当右派、下放农科所、样板戏写手、新时期复出："就凭这个简历，能说'平平常常'吗？"接下来，林斤澜才"论证"出："淡"是"化"的过程；"淡"里面是"浓"的。林斤澜还拿郑板桥画竹做比喻："一是自然之竹，二是胸中之竹，三是笔下之竹。都是竹，又顺序而来，却三者不一样。"

最近，"汪曾祺热"持续不断，各处评论、评价很多，总结下来有"几个打通"，一是不同地域文学特征的融会贯通。汪曾祺小说作品的背景大致是高邮、昆明（西南联大）、张家口（农科所）、北京（京剧院）等几个地方，故乡高邮的风土人情、西南联大的求学和昆明的生活经历、张家口的坝上风光和京剧院的沉浮浸淫，构成了他小说最鲜明的艺术特色，虽然有地域之差，在他笔下却能做到完美统一。评论家孙郁认为，汪曾祺"精于文字之趣，熟于杂学之道"，是个"杂家"。二是打通了现代文学和当代文学的界限。汪曾祺虽然写白话文，但文中散落了唐诗、宋词、元曲和明清话本小说的精髓，甚至还有《清明上河图》和"扬州八怪"书画里的韵味。三是打通了中西方文学的界限。汪曾祺的早期小说是现代派的，写得非常时尚，非常意识流，后来的作品更多的是体现在对人性的悲悯上。四是打通了民间文化和文人文化。汪曾祺初到北京时编《说说唱唱》和《民间文学》，接触了大量的民间文化，还整理过民间文学故事，后来到京剧团，加上是美食家，不但会吃，还会做。而他小时候受祖父和父亲的影响，对中国传统的文人文化十分了解，他的许多作品明显透出民间化和文人化和谐共融的风姿。五是打通了小说和散文的界限。汪曾祺的小说多用散文化的笔法，不刻意编排小说外在的情节，注重语言的留白，给人回味的空间，另外又会生发出大量的"闲笔"，看似和小说情节无关的文字，却又和通篇融为一体。六是"南北打通"。这是当代文学研究会副会长杨早说的，"作家中很多南方人就写南方，北方人写北方。汪曾祺从高邮出来，到昆明，再到北京、张家口转了一圈，尽管南北各省间差异大，但无论从学养、口味，乃至方言运用上，汪老都能做到恰当的拿来主义"。杨早的"南北打通"和第一点"地域打通"异曲同工。

倾读林斤澜关于汪曾祺的文章，我们能感觉两位老朋友的交谊，也能大体上体味到上述的几个"打通"，林斤澜都在不同文章里有所论述，有的讲得还很清楚。

林斤澜还有两篇专写汪曾祺的文章，分别是《纪终年》和《〈纪终年〉补》。两篇文章都深切地回忆了汪曾祺临终前一两年的生活行状，从发病，到检查出病因，到住院治疗，到回家调养，再到发病住院，直至逝世前后的情况，写的都非常详细，让读者比较完整地了解了一代文坛大师汪曾祺在那段时间里的心路历程，特别是在《〈纪终年〉补》里，通过几个小标题《手》《电话》《酒》《悄悄》等，把汪曾祺"老小孩"的天真和他的乐观精神，惟妙惟肖地表现了出来。

《汪曾祺：一棵树的森林》是一篇短文，却是林斤澜对汪曾

祺的"盖棺定论"。汪曾祺的写作风格和他所处时代在文坛的地
位，都是独特的，无人取代也无法取代的，确实是唯一的"一棵"，
又确实是"森林"。

2016 年 10 月 23 日 20 时完稿于北京五里桥荷边小筑，
费时两日，时秋意正浓。

2016 年 10 月 24 日上午改定。

《汪曾祺与〈沙家浜〉》

　　许多人都知道汪曾祺是著名小说家，新时期复出文坛就以超凡脱俗、不拘一格的文笔，发表了《受戒》《异秉》《大淖纪事》《岁寒三友》等名篇而引人关注。后来，随着汪迷队伍的越来越大，对他在其他方面的成就如书法、绘画、散文、随笔、评论、戏曲、诗词、美食等也推崇备至，特别是"样板戏"《沙家浜》和汪曾祺的关系，以及汪曾祺在"文革"初期被突击"解放"、全力投入到"样板戏"创作中的许多鲜为人知的内幕，更是扑朔迷离，引人猜测。

　　汪曾祺研究专家陆建华先生写的《汪曾祺与〈沙家浜〉》，以详细的笔墨首次还原了"文革"期间，汪曾祺创作《沙家浜》等"样板戏"的历史真相，最新披露了江青与汪曾祺及其"样板戏"的真实关系，书中还配有多幅珍贵的照片，不乏有第一次发表的，真实再现了一段不为人知的历史记忆，为广大"汪迷"奉献了一道精美的文学"大餐"。

陆先生和汪曾祺是同乡，和汪曾祺的弟弟又是同学，加上长期在各级文艺部门从事文艺领导和文学创作，很早就结识了汪曾祺，并结下了深厚的友谊，曾多次采访汪曾祺，和汪曾祺交流创作经验，聆听汪曾祺关于文学创作许多独到的见解，当然也会听汪老侃些文坛趣事。在长期的接触交往中，陆先生对汪老的了解越来越深，曾创作多篇关于汪曾祺的散文随笔和文学评论，仅出版的专著就有《汪曾祺传》（江苏文艺出版社，1997）、《汪曾祺的春夏秋冬》（河南人民出版社，2005年）、《私信中的汪曾祺》（上海文艺出版社，2011年）。另外还编辑出版了《汪曾祺文集》（江苏文艺出版社）。对于汪曾祺和《沙家浜》之间的关联与纠葛，更是在和汪老的多次交流交往中，逐渐有所了解和加深，对汪老一生的为文为人，也有了更多更为丰富的认识。经过多年的酝酿和朋友的"怂恿"，陆建华先生用短短三个月的时间，写出了这本很有市场前景的上乘之作。

众所周知，现代京剧《沙家浜》，家喻户晓，妇孺皆知，此剧由沪剧《芦荡火种》改编创作而成，主要执笔者是汪曾祺。但是《沙家浜》从它问世那天起就一波三折，风云变幻，汪曾祺也随之悲喜不定，起落沉浮，由此造成《沙家浜》创作过程中的云遮雾障，众说纷纭。本书以大量丰富确凿的资料，生动详尽地记述了从沪剧《芦荡火种》改编为京剧《沙家浜》的全过程：江青看中汪曾祺执笔的原委，汪曾祺在执笔改编创作中所作出的贡献，汪曾祺因《沙家浜》带来自身命运的变幻莫测，

《沙家浜》从一台平常的现代京剧演变为"样板戏"的过程轨迹，《沙家浜》剧组和主要演员们的悲喜人生以及参与《沙家浜》主创人员对汪曾祺的中肯评价等等，可谓内容庞杂、丰富，所披露的内幕足以吸引读者的眼球和好奇心。全书情节生动，笔墨老道，采用资料翔实，叙述精当，生动感人，可读性强，既给人启示，更回味无穷，还原了中国当代戏剧史上发人深思的一段史实，既有史料价值，又充满文学情怀，也从另一个独特角度揭示了被人们称为"中国最后一个士大夫"的汪曾祺的人品和文品。

该书由山东人民出版社出版发行，开本大方，印制精美，书中附录部分，选登了数页汪曾祺关于《沙家浜》的修改手迹。封底上摘录了数条著名作家、艺术家对汪曾祺的评价，如汪曾祺好友、著名作家林斤澜说："1963 年汪曾祺开始参与改编沪剧《芦荡火种》，由此揭开了他与样板戏与江青十多年的恩怨纠葛，构成他一生创作中最奇异、最复杂、最微妙的特殊时期。"剧作家肖甲说："汪曾祺才气逼人，涉猎面很广。他看的东西多，屋里凳子上全是书。江青比较欣赏他，而汪曾祺依旧那么兢兢业业，在阶级斗争高度压力下，他过得很本分。谈不上重用，就是被使用而已。"这些手迹和同时代名人的评价，更从另一个方面透露了这本书的多重价值和意义。

此外，该书还透露一个令广大"汪迷"深感振奋和期待的信息：《汪曾祺与〈沙家浜〉》是作为"汪曾祺研读文丛"的一种出版的。该"文丛"由著名文学评论家、《小说选刊》副主编王干先生担任主编，编委阵容特别强大。另据透露，"文丛"的其余书目还有《汪曾祺评传》《汪曾祺年谱》《汪曾祺论沈从文》《汪曾祺书画》《汪曾祺书信》《汪曾祺诗联品读》等数种，也即将由山东人民出版社隆重推出。

2014年10月21日写于北京朝阳草房荷边小筑。

补记：

后来因多种原因，"汪曾祺研读文丛"没有出版，《汪曾祺与〈沙家浜〉》以单本形式出版发行。待出的部分书稿，改为"回望汪曾祺"，仍交给山东人民出版社，将于2017年春出版。

还原大师
——"回望汪曾祺"总序

"我们一直呼唤大师,也一直感叹大师的缺席。但有时候我们常常容易忽略大师的存在,尤其是大师在我们身边的时候,我们会选择性地失明。有一个作家去世十八年了,他的名字反复被读者提起,他的作品被反复重版,年年在重版,甚至比他在世的时候,出版的量还要大。我们突然意识到一个大师就在我们身边,而我们却冷淡了他,雪藏了他。他就是汪曾祺。"这是著名评论家王干先生在《被遮蔽的大师——论汪曾祺的价值》里对汪曾祺的评价。

"回望汪曾祺"这套丛书,就是回应王干先生并向汪曾祺致敬的一套关于汪曾祺著作和评价的文丛。先期出版五种:

《夜读汪曾祺》

《人间送小温——汪曾祺年谱》

《汪曾祺诗词选评》

广陵书社出版的"回望汪曾祺"文丛

《汪曾祺论沈从文》

《我们的汪曾祺》。

《夜读汪曾祺》是著名评论家王干先生三十多年来研究汪曾祺文章的汇编，从多种角度解读汪曾祺为文为人和对中国当代文学的贡献，并由此认为："汪曾祺可以当之无愧被称为20世纪中国的文学大师，他的'大'在于融汇古今、贯通中西，将现代性和民族性成功融为一体，将中国的文人精神与民间的文化传统有机地结合，成为典型的中国叙事、中国腔调。他的价值是中国文学和文化的瑰宝，随着人们对他认识的深入，其价值越来越弥足珍贵，其光泽将会被时间磨洗得越发明亮迷人。"《人间送小温——汪曾祺年谱》是徐强先生花费多年心血研究整理的国内首部完整的汪氏年谱，具有极高的文献价值。《汪曾祺诗词选评》是金实秋先生对汪曾祺的诗词楹联的点评，有的诗词楹联还是第一次正式收入专集出版。《汪曾祺论沈从文》是刘涛先生对汪曾祺怀念老师沈从文的十余篇文章的解读。《我们的汪曾祺》由苏北先生选编，是国内文化名人、作家、评论家、读者怀念、评价汪曾祺的文章的一次集中展示。

我们回望汪曾祺，是因为汪曾祺的文学作品越来越受到读者的推崇和喜爱，并无可争议地成为当代文学大师。也正如王干先生所说："当中国文学回归理性，民族文化的自信重新确立的时候，汪曾祺开始释放出迷人而灼热的光芒来。"

（本文系本书作者为"回望汪曾祺"丛书写的出版说明，该丛书出版时，在文后署名"广陵书社编辑部"。标题为编集时所加。）

卷　三

闲话《晚饭花集》

在《晚饭花集》编好之前，汪曾祺出版的小说集有《邂逅集》《羊舍的夜晚》和《汪曾祺短篇小说选》，而《汪曾祺短篇小说选》里，又收了《羊舍的夜晚》里的全部三个短篇，另有好几篇曾在《邂逅集》里选过，新创作的小说计有《骑兵列传》《塞下人物记》《黄油烙饼》《异秉》《受戒》《岁寒三友》《寂寞和温暖》《大淖记事》《七里茶坊》共九篇，这九篇小说除《骑兵列传》写于1979年，其余八篇，写于1980年1月至1981年5月，是汪曾祺创作状态最好的时期，也是一生创作的高峰期。而从1981年6月6日写作的《鸡毛》开始，到1983年10月25日《金冬心》止，共十九篇小说，是那段高峰期的延续，这些作品，全部收在《晚饭花集》里了。如果算上《汪曾祺短篇小说选》的九篇新作，字数占汪曾祺一生所作小说的三分之一。可以毫不夸张地说，汪曾祺一生小说创作的重要成就之一，就是《晚饭花集》。所以，《晚饭花集》弥足珍贵。

在《晚饭花集·自序》里，作者也开宗明义：之所以叫"《晚饭花集》，是因为集中有一组以《晚饭花》为题目的小说。不是因为我对这一组小说特别喜欢，而是觉得其他各篇的题目用作集名都不太合适。我对自己写出的作品都还喜欢，无偏爱"。说到"晚饭花"（我们连云港那边叫拐磨花，还有地方叫懒婆娘花），汪曾祺不惜笔墨，洋洋洒洒铺铺拉拉说了一大段：

　　我对晚饭花这种花并不怎么欣赏。我没有从它身上发现过"香远益清""出淤泥而不染"之类的品德，也绝对到不了"不可一日无此君"的地步。这是一种很低贱的花，比牵牛花、凤仙花以及北京人叫做"死不了"的草花还要低贱。凤仙花、"死不了"，间或还有卖的，谁见过花市上卖过晚饭花？这种花公园里不种，画家不画，诗人不题咏。它的缺点一是无姿态。二是叶子太多，铺铺拉拉，重重叠叠，乱乱哄哄的一大堆。颜色又是浓绿的。就算是需要进行光合作用，取得养分，也用不着生出这样多的叶子呀，这真是一种毫无节制的浪费！三是花形还好玩，但也不算美，一个长柄的小喇叭。颜色以深胭脂红的为多，也有白的和黄的。这种花很易串种。黄花、白花的瓣上往往有不规则的红色细条纹。花多，而细碎。这种花用"村""俗"来形容，都不为过。最恰当的还是北京人爱用的一个字："怯。"北京人称晚饭花为野茉莉，实在是抬举它了。它跟茉莉可以说毫不相干，也一定不会是属于同一科，枝、叶、花形都不相似。把它和茉莉拉扯在一起，可能是因为它有一点淡淡的清香——然而也不像茉莉的气味。只有一个"野"字它倒是当之无愧的。它是几乎不用种的。随便丢几粒种籽到土里，它就会赫然地长出了一大丛。结了籽，落进土中，第二年就会长出更大的几丛，只要有一点空地，全给你占得满满的，一点也不客气。它不怕旱，不怕涝，不用浇水，不用施肥，不得病，也没见它生过虫。这算是什么花呢？然而不是花又是什么呢？你总不能说它是庄稼，是蔬菜，是药材。虽然吴其濬说它的种籽的黑皮里有一囊白粉，可食；叶可为蔬，如马兰头；俚医用其根治吐血，但我没有见到有人吃过，服用过。那就还算它是一种花吧。

说了这么多，最后还是勉强称它"是一种花吧"。其实，汪曾祺在小说、散文里，都写到过这种"低贱"的晚饭花，小说《晚饭花》就不用说了，漂亮女孩王玉英做针线时的背景就是"非常热闹，但又很凄清"的晚饭花，在《我的家》等散文里也提到过，这说明晚饭花在汪曾祺的记忆里印象很深。

在《晚饭花集》里，汪曾祺的小说创作有一个较明显的变化是，小说越写越短，许多小说只有三四千字，有的只是一两千字的小小说，汪曾祺称为"小短篇"，为了让这些"小短篇"有足够的"体量"，还把相关或不相关的题材编为一组，这在"自序"里也有说明："这一集，从形式上看，如果说有什么特点，是有一些以三个小短篇为一组的小说。数了数，竟有六组。这些小短篇的组合，有的有点外部的或内部的联系。比如《故里三陈》写的三个人都姓陈；《钓人的孩子》所写的都是与钱有关的小故事。有的则没有联系，不能构成'组曲'，如《小说三篇》，其实可以各自成篇。至于为什么总是三篇为一组，也没有什么道理，只是因一篇太单，两篇还不足，三篇才够'一卖'。'事不过三'，三请诸葛亮，三戏白牡丹，都是三。一二三，才够意思。"在小小说刚一时兴之时，汪曾祺的这批"小短篇"特别引起读者的注意，有的还被多种选刊转载，入选多种选本，如《陈小手》入选上海文艺出版社出版的《1983年全国短篇小说佳作集》，《人民文学》创刊三十五年之际，又入选该社编辑出版的《〈人民文学〉创刊三十五周年短篇小说选》，由湖南人民出版社出版发行；《尾巴》入选凌焕新选编的《微型小说选》，由江苏人民出版社出版发行。《故里三陈》还引起老作家孙犁的关注，他在《读小说札记》八则中，有一则专门讲《故里三陈》的，孙犁赞誉道："去年读了汪曾祺的一篇小说《故里三陈》，分三个小故事。我很喜欢读这样的小说，省时省力，而得到的享受，得到的东西并不少。它是中国的传统写法，外国作家也时有之。它好像是纪事，其实是小说。情节虽简单，结尾之处，作者常有惊人之笔，使人清醒。有人以为小说，贵在情节复杂或性格复杂，实在是误人子弟。情节不在复杂，而在真实。真情节能动人，假情节使人厌。宁可读一个有人生启发的真情节，不愿读十个没有血肉的假情节。"孙犁作为著名小说大家，能通过汪曾祺这篇小说，发出自己的感想，看来这篇作品对他的感染足够深刻。

在这六组短小说里，以《晚饭花》命名的一组也很出彩，共有三篇小说组成：《珠子灯》《晚饭花》《三姊妹出嫁》。对于《珠子灯》的主题，汪曾祺说表现的是"封建贞操观念的零落"，在自序里还透露："我的儿子曾问过我：'《晚饭花》里的李小龙是你自己吧？'我说：'是的。'我就像李小龙一样，喜欢随处流连，东张西望。我所写的人物都像王玉英一样，是我每天要看的一幅画。这些画幅吸引着我，使我对生活产生兴趣，使我的心柔软而充实。而当我所倾心的画中人遭到命运的不公平的簸弄时，我也像李小龙那样觉得很气愤。便是现在，我也还常常为一些与我无关的事而发出带孩子气的气愤。这种倾心和气愤，大概就是我自己称之为抒情现实主义的心理基础。"其实，我十分理解"李小龙式"的气愤，也理解"汪曾祺式"的气愤。我们都有过"李小龙式"的初恋情感，为心仪的女孩子不公平的婚姻暗生不平，并迁怒于男方。著名评论家王干先生有一篇专门评论《晚饭花集》的文章，曰《淡的魅力——谈汪曾祺的晚饭花》，这篇文章我早就研习过，对王干的精准评论，我深以为然，对李小龙和邻家女孩王玉英的朦胧恋情，王干认为："《晚饭花集》在平淡之中蕴含了不平凡的意味，在淡淡的叙述中散发出强烈的诗意。《晚饭花》描写的是王玉英没有爱情的婚姻的悲剧，作者从一个侧面，以中学生李小龙的眼睛来表现'美'的消逝、毁灭，淡淡的惆怅之中抒发了对封建婚姻的愤懑。虽然没有惊人的'豹尾'，但感染力如此强烈，可真谓平中见奇，淡中见浓，平淡的外表包蕴着浓烈的内涵。"另外，我有一点点猜测，就是汪曾祺之所以以这篇小说为书名，是因为对这篇"小短篇"的偏爱，尽管"自序"里已经声明过别的篇名不适合做书名（当然，更不是说这本集中的小说像晚饭花一样"低贱"），但我还是顽固地认为，汪曾祺是喜欢"王玉英"进而偏爱《晚饭花》的。

《晚饭花集》里，经得住反复阅读的除了《陈小手》《晚饭花》《鉴赏家》等篇什，另外还有《鸡毛》《徙》和《八千岁》等，我认为这几篇小说，当之无愧都是汪曾祺的名篇佳构，在汪曾祺的小说家族中，占有重要的地位，比如《鸡毛》这篇小说，我每次读，都会在情不自禁笑出了声之后，又陷入深思，特别是对金昌焕的刻画，真是太成功了。小说的叙事方法还是"汪曾祺式"的，一个人物一个人物的铺排，先是写文嫂，占用近一半的篇幅。把文嫂写活了，才话题一转，写男生宿舍的学生金昌焕。金昌焕也写活了，又一转，才写文嫂莫名其妙地少了三只鸡。再往后，文嫂在金昌焕的床底下发现三堆鸡毛，原来被金昌焕偷吃了。这篇小说有这么几个绝妙之处。绝妙之一，是写描写文嫂养的鸡，有一大段对鸡的描写，可以当作动物描写的典范："每天一早，文嫂打开鸡窝门，这些鸡就急急忙忙，迫不及待地奔出来，散到草丛中去，不停地啄食。有时又抬起头来，把一个小脑袋很有节奏地转来转去，顾盼自若——鸡转头不是一下子转过来，都是一顿一顿地那么转动。到觉得肚子里那个蛋快要坠下时，就赶紧跑回来，红着脸把一个蛋下在鸡窝里。随即得意非凡地高唱起来：'郭格答！郭格答！'文嫂或她的女儿伸手到鸡窝里取出一颗热烘烘的蛋，顺手赏了母鸡一块土坷垃：'去去去！先生要用功，莫吵！'这鸡婆子就只好咕咕地叫着，很不平地走到草丛里去了。到了傍晚，文嫂抓了一把碎米，一面撒着，一面'咕咕'叫着，这些母鸡就都即足足地回来了。它们把碎米啄尽，就鱼贯进入鸡窝。进窝时还故意把脑袋低一低，把尾巴向下耷拉一下，以示雍容文雅，很有鸡教。鸡窝门有一道小坎，这些鸡还都一定两脚并齐，站在门坎上，然后向前一跳。这种礼节，其实大可不必。进窝以后，咕咕囔囔一会，就寂然了。于是夜色就降临抗战时期最高学府之一，国立西南联合大学的新校舍了，阿门。"如此细致地描写鸡，说明文嫂对她这群鸡是多么的喜爱啊。不仅文嫂喜爱，就连读者也喜欢了。绝妙之二，是对金昌焕这个"二十年目睹之怪现状"式的人物的几个细节描写最为传神，一是用铁丝，把自己所有的物件挂起来；二是金昌焕先穿一件衬衫、打上领带，再穿一件衬衫，再打一根领带，然后穿着这种奇怪的装束出门了；三是他每晚临睡前用尖筷子扎出一块肉来吃；四是特殊的求爱方式和求爱失败后的坦然。

这样的金昌焕，才配得上一个"鸡贼"。

汪曾祺的小说，看是每一段的铺排都不相干，最后却总是相互牵连。《八千岁》也是这样的布局，一个人物一个人物的出场，各人有各人的个性，最后这些人物都在为"八千岁"的人生命运服务，都和故事有着紧密的联系。这篇小说的精妙之处也是经读，越读越有味道，越读味道越醇厚，甚至情节有点起伏曲折起来。读到最后，当"八千岁"自己花重金保了一条命时，小说更如后发制人的陈年美酒，浓烈而有后劲。《徙》也是这样的结构，几个人物分别交代又互相绞在一起。小说用《庄子·逍遥游》做题记，和开篇那首半文半白的校歌一样，看是"闲笔"，却别有深意。《徙》里的几个知识分子，虽然生活境遇不同，每人却都有着高蹈的情怀，不媚俗，不流俗，小说塑造了功名不高、名气很响且有真学问的奇人通儒谈甓渔；谈老的高足，饱读诗书、才华横溢的高北溟；高北溟次女，才貌双全、心气很高的高雪；还有高北溟的好学生，

"绝顶聪明"、为爱成痴的汪厚基。这些人物各具个性，各有风神，让人过目难忘。但那又怎么样呢？在那样的时代里，除了文化人身上特有的文化内涵和生活情趣，他们无不都是悲剧的结局。王干认为，这是"有志者的困局"。

我们都知道汪曾祺是美食家，喜欢吃，也喜欢做，更喜欢写，汪曾祺关于吃吃喝喝的文章，多年来有各种版本的图书出版，翻来覆去选进书中的，虽然就是那几十篇短文，汪迷却都有兴致买来重读，名篇有《食小菌》《手把肉》《五味》《豆腐》《干丝》《肉食者不鄙》《鱼我所欲也》《故乡的食物》《昆明的吃食》等等，还有《旅食与文化》《吃食和文学》《食道旧寻》《宋朝人的吃喝》等这样谈"吃文化"的文章。在已经出版过的这些书里，山东画报出版社出版的那本《五味——汪曾祺谈吃》最合我意。在小说中，每每写到吃时，也会津津乐道，不惜笔墨，事无巨细地描写，《晚饭花集》里很有这样的几篇。《三姊妹出家》里关于馄饨，小说里是这样描写的："别人卖的馄饨只有一种，葱花水打猪肉馅。他的馄饨除了猪肉馅的，还有鸡肉馅的、螃蟹馅的，最讲究的是荠菜冬笋肉末馅的——这种肉馅不是用刀刃而是用刀背剁的！作料也特别齐全，除了酱油、醋，还有花椒油、辣椒油、虾皮、紫菜、葱末、蒜泥、韭花、芹菜和本地人一般不吃的芫荽。馄饨分别放在几个抽屉里，作料敞放在外面，任凭顾客各按口味调配。"怎么样？这碗馄饨真是讲究吧？有这样一碗馄饨吃，是不是一种享受？《金冬心》里有一段描写："今天的酒席很清淡。铁大人接连吃了几天满汉全席，实在是没有胃口，接到请帖，说：'请我，我到！可是我只想喝一碗晚米稀粥，就一碟香油拌疙瘩丝！'程雪门说一定照办。按扬州请客的规矩，菜单曾请铁保珊过了目。凉碟是金华竹叶腿、宁波瓦楞明蚶、黑龙江熏鹿脯、四川叙府糟蛋、兴化醉蛏鼻、东台醉泥螺、阳澄湖醉蟹、糟鹌鹑、糟鸭舌、高邮双黄鸭蛋、界首茶干拌荠菜、凉拌枸杞头……热菜也只是蟹白烧乌青菜、鸭肝泥酿怀山药、鲫鱼脑烩豆腐、烩青腿子口蘑、烧鹅掌。甲鱼只用裙边。鲟鲊花鱼不用整条的，只取两块嘴后腮边眼下蒜瓣肉。车螯只取两块瑶柱。炒芙蓉鸡片塞牙，用大兴安岭活捕来的飞龙剁泥、鸽蛋清。烧烤不用乳猪，用果子狸。头菜不用翅唇参燕，清炖杨妃乳——新从江阴运到的河豚。铁大人听说有河豚，说：'那得有炒蒌蒿呀！——竹外桃花三两枝，春江水暖鸭先知，蒌蒿满地芦芽短，正是河豚欲上时，有蒌蒿，那才配称。'有有有！随饭的炒菜也极素净：素炒蒌蒿薹、素炒金花菜、素炒豌豆苗、素炒紫芽姜、素炒马兰头、素炒凤尾——只有三片叶子的嫩莴苣尖、素烧黄芽白……铁大人听了菜单（他没有看）说是：'这样好，咬得菜根，则百事可做。'他请金冬心过目，冬心先生说：'一箪食，一瓢饮，农一介寒士，无可无不可的。'"读过这一段，这一桌菜，是不是已经品尝过啦？如果谁有兴趣，有情调，照此办理一桌，那"格"可不是一般的高啊。听说有汪迷要开一间"汪小馆"，专门做"汪菜"，如果真开起来，这桌菜可以算保留节目了。还有一篇《晚饭后的故事》开头一段，也让读者口里生津："京剧导演郭庆春就着一碟猪耳朵喝了二两酒，咬着一条顶花带刺的黄瓜，吃了半斤过了凉水的麻酱面，叼着前门烟，捏了一把芭蕉扇，坐在阳台上的竹躺椅上乘凉。

他脱了个光脊梁，露出半身白肉。天渐渐黑下来了。楼下的马缨花散发着一阵一阵的清香。衡水老白干的饮后回甘和马缨花的香味，使得郭导演有点醺醺然了……"猪耳朵、黄瓜、凉水麻酱面，都是常见食物，不知为什么，一到汪曾祺笔下，立马变了个味，也如那个京剧导演一样，醺醺然了。读这些关于吃食的描写，有时候我会想，出版家们别老是盯着那几十篇散文，汪曾祺在小说里的谈吃，也可以选一本"美食小说"的。

关于这篇《晚饭后的故事》，龙冬先生最近意外地得到汪曾祺 1981 年写给《人民文学》编辑涂光群的一封信，龙冬先生为此还写了一篇《汪曾祺曾就〈晚饭后的故事〉与编辑的一封信札》的文章，文章中引用了这封信，信不长，也照录如下：

> 光群同志：
>
> 前寄一信，请代为把《晚饭后的故事》中"倒呛"字改为"仓"字；郭庆春细看了科长一下，"发现她是个女人"一句删去。想当达览。
>
> 后来又想起一处，即在郭导演与科长结婚后，下面有一括号"（此处略去一段）"，这一句也请去掉。
>
> 这小说所写的模特儿是我们一个很熟的人，我写时一直颇有顾虑，怕对本人有所伤害。因此，你们发稿前最好寄回来让我看看。或看看校样。
>
> 我二十四日应《北京文学》之邀，到青岛去住半个月。如有事联系，请在半个月之后。
>
> 今年北京奇热，伏案写一短信，即已汗滴纸上。你

们终日看稿，其苦可知矣。

敬礼！即候诸相熟同志安好。

汪曾祺

七月二十二日

龙冬先生结合《晚饭后的故事》，发表了自己的见解："结合这封给涂光群的书信，我们不难明白作者的顾虑所在。他的写作是有真实原型'模特儿'的。他担心这个作品会伤害到熟人。我相信，汪先生在这个作品的写作过程中，一直都有顾虑，一直都在竭力删减。他的顾虑和删减，就如同一个被主人刁难的园丁面对一株花卉，最后，花朵被剪掉了，叶片也被剪掉了，唯留下枝干，所幸这枝干还算风骨可嘉。设想，郭庆春第一次见杨科长，'发现她是个女人'，这一笔若还保留，这个作品必然生出眼睛，这个作品就活了。此外，还会具有生动的社会学意义。从战争中进城的将军们无论新婚再婚，对象总是城市里的知性气质美人儿。从战场上转业到城市里工作的女性，她们的目光往往渴求着那些帅哥'小鲜肉'。郭庆春这个小说里的人物，大约就是那个最初年代第一批'小鲜肉'。现在，作者不在了，想必那'模特儿'导演夫妇也不在了。汪先生当年因顾虑删去的文字内容若能修补回去，这个作品真可称道，相信也会使读者印象深刻。"龙冬的提议十分有道理，因为汪曾祺对这篇小说最后的删节，并不是出于作品本身，而是顾虑别人的"对号入座"，给对方造成伤害，这让他非常不安，非常焦虑，于是在大热天中写信请求修改，而且不是一封信（此信开头有"前寄一信"之句）。可惜，龙冬的这篇文章写于 2016 年 10 月 22 日，而人民文学出版社最新版的《汪曾祺小说全编》已经出版了，如果在"全集"出齐前，能校改一下，恢复汪曾祺的原意，可称完美。

好吧，关于这本《晚饭花集》的闲话已经说不少了，就此收住。

2005 年 10 月 3 日完稿于新浦河南庄掬云居。

2016 年 12 月 8 日晚，补充、修改于北京草房荷边小筑。

《塔上随笔》

　　汪曾祺生前自编文集有《邂逅集》《羊舍的夜晚》《汪曾祺短篇小说选》《晚饭花集》《矮纸集》《汪曾祺自选集》《茱萸集》《蒲桥集》《旅食集》等十余种，《塔上随笔》是他自编文集中的一本随笔选，出版于1994年11月，出版者为群众出版社，收在"当代名家随笔丛书"里。"当代名家随笔丛书"的主编是何镇帮、谢永旺和谢先云，共收九位作家的自选集，汪曾祺之外，还有王蒙的《逍遥集》、刘心武的《富心有术》、何西来的《横坑思缕》、李国文的《骂人的艺术》、林斤澜的《随缘随笔》、张洁的《阑珊集》、邵燕祥的《自己的酒杯》、蓝翎的《静观默想》。

　　《塔上随笔》有一幅汪曾祺手持烟斗的侧身照片，照片下方是他手书"汪曾祺"的手迹。还有他的一幅书法作品。这是一幅行草，是他六十岁生日时自作的一首诗：

　　冻云欲湿上元灯，漠漠春阴柳未青。

行过玉渊潭畔路，去年残叶太分明。

汪曾祺的生日特别好，是元宵节。这首自寿诗还有一个标题，即《六十岁生日散步玉渊潭"即事"自题》。这首诗的"文眼"在后一句，寓意也在后一句。汪曾祺很喜欢这首诗，曾多次手书赠送友人。收在《塔上随笔》里的这幅作品，落款为："六十岁生日作 今已七十三岁矣 曾祺。"汪曾祺没有写七十岁时的自寿诗，也没有写六十七岁时的自寿诗（这两次生日时也作了自寿诗），而是手书六十岁时的自寿诗作为该书插页，足见他对这首诗的偏好。

汪曾祺的书法，已经有多人评论过，众口一词都说好。王干在《夜读汪曾祺》里有一篇《翰墨丹青 隔行通气——汪曾祺的书画美学》，引用了中国书协副主席林岫先生对汪曾祺的国画小品的四字评价："可亲可爱。"王干接着说：

林岫先生作为当代书画大师，对汪曾祺先生的书画作品有着深刻的体味和独到的理解，"汪先生写书法作品，很随意，没这样那样繁琐的讲究，只要"词儿好"。逢着精彩的联语或诗文，情绪上来便手痒，说"这等美妙诗文，不写，简直就是'浪费'"。汪先生本有散仙风度，书擅行草，虽然走的是传统帖学路子，但师古习法，从不肯规循一家。其书内敛外展，清气洋溢，纵笔走中锋，持正瘦劲，也潇洒不拘，毫无黏滞，颇有仙风道骨。问其学书来路，答"一路风景甚佳，目不暇接，何须追究"；

见其大字，撇捺舒展如狷狷舞袖，问"可否得力山谷（黄庭坚）行草"，答"也不尽然"；问"何时写作，何时书画"，答"都是自由职业，各不相干，随遇而安，统属自愿"；问"如何创作易得书画佳作"，答"自家顺眼的，都是佳作。若有好酒助兴，情绪饱满，写美妙诗文，通常挥毫即得。若电话打扰，俗客叩门，扫兴败兴，纵古墨佳纸，也一幅不成"。

这段论述有问有答，生动而有趣味。

《塔上随笔》所收这幅书法作品，不仅内容是"六十自寿诗"，还是"七十三岁"时所书。中国人的传统，"七十三""八十四"时不宜声张，这一年中也不跟别人报岁数，防止被阎王爷偷听了去，派"夜巡鬼"来拉走。洒脱的汪先生没有这些忌讳，还在书法作品上展示，并在自编文集里"大张旗鼓"地发布。接着是汪曾祺"小传"，一看文笔，也出自他自己之手。在小传里还预报了江苏文艺出版社"将出版我的文集。估算一下，约有120万字。我一生所写，大约也就200多万字"。这就是陆建华选编的《汪曾祺文集》。

为什么叫《塔上随笔》？刚买这本书时，我也纳闷。善解人意的汪先生没有让我们纳闷多久，便在自序里做了说明："北京人把高层的居民楼叫'塔楼'。我住的塔楼共十五层，我的小三居室宿舍在十二层，可谓高高在上。住在高层有许多缺点。第一是不安静。我缺乏声学常识，搬来之前，以为高处可以安静些，岂料声音是往上走的，越高，下面的声音听的越清楚。"接着，还把楼下的声音做了描写，附近两个公共汽车站的声音是"俱乐部到了,请先下后上"。一个内燃机厂的声音是"胡敏!胡敏!""牛牛,牛牛,牛牛……""尤其不好的,是'接不上地气'"。

汪曾祺的住房一直是个问题,和施松卿结婚后,先后住在东单三条、河泊厂,房子都很小。20世纪50年代的邓友梅曾在他家吃过饭,对汪曾祺的小家有过描写:"我倒是常看到曾祺做菜。那时他一家三、四口只住一间屋。有个煤球炉子,冬天放屋里,夏天放门外。赶上做饭时间到他家串门,汪曾祺准在围着炉子忙活。"(《再说汪曾祺》刊《文学自由谈》1997年第6期)汪曾祺的大女儿汪明在《我们的老头汪曾祺》一书里说:

> 有两个字让爸在四十几年的时间里一直都理不直、气不壮,那就是房子,50年代爸做了右派以后,他单位的房子被收了。我们随妈妈住过一间小门房,挤得几乎没有富余的地方可立足。几经折腾,搬到甘家口,也是拥挤不堪。我的朋友说:到汪明家,如果有人喊你,千万注意慢慢回头,不然的话,动作大了,肯定会碰翻一大堆什么东西。爸在这样的环境里,常常是脑子里有了文章,没有地方下笔,像只老母鸡似的转来转去地找窝下蛋。他偶尔抱怨我们挪窝不及时,浪费了他的灵感,妈都要大力回击:"老头儿,你可是'寄居蟹'呀!住了我的房子,还要怨东怨西。有本事去弄一套大房子,大家都舒服!"爸最怕妈说这个,一提"房子"保证百分之百地瘪掉。

　　汪明所说的甘家口，汪曾祺一家是 1965 年搬来的，在一座红砖楼上，临近玉渊潭公园和钓鱼台国宾馆。虽然是二居室，条件差，开间小，一家人挤住在这里，连写字台都合用一张。有一次听汪朗讲，他当年以知青身份考入中国人民大学时，组织上为照顾他家住房困难，又在隔壁邻居家分半间屋（这家住房超标），汪朗在那里铺一张床，晚上可以去睡觉。只睡一两晚就不去了。汪朗说，一个大青年，在别人家睡半间房，怎么也是个拐扭事。汪曾祺一家在这里一直住到 1983 年。汪朝回忆说，她那时在工厂上夜班，白天补觉时，汪曾祺没地方写作，憋得只好在其他房间里乱窜。

　　1983 年搬到蒲黄榆。蒲黄榆的家，就在《塔上随笔》里的塔上。1985 年年末，汪曾祺在塔上写了三篇小说《詹大胖子》《幽冥钟》《茶干》，结一束为《桥边小说三篇》，发表在 1986 年第二期《收获》上。在小说"后记"里，汪曾祺说："我现在住的地方叫蒲黄榆。曹禺同志有一次为一点事打电话给我，顺便问起：'你住的地方的地名怎么那么怪？'我搬来之前也觉得这地名很怪：'捕黄鱼？——北京怎么能捕得到黄鱼呢？'后来经过考证，才知道这是一个三角地带，'蒲黄榆'是三个旧地名的缩称。'蒲'是东蒲桥，'黄'是黄土坑，'榆'是榆树村。这犹之'陕甘宁''晋察冀'，不知来历的，会觉得莫名其妙。我的住处在东蒲桥畔，因此把这三篇小说题为《桥边小说》，别无深意。"汪曾祺在"桥边"的塔上，住到 1996 年春天，才搬到虎坊桥，可惜只住了一年多，就逝世了。《塔上随笔》里的大部分文章，就是在蒲黄榆的塔上写成的。

　　蒲黄榆的"塔"上，和他以前的住处一样，是夫人施松卿的"福利"，而虎坊桥的房子是儿子汪朗的，都不是汪曾祺的房子。

汪曾祺在北京工作大半辈子，没有享受到属于自己的房子。

《塔上随笔》里的这些文章，用他自己在序里的话来说："我实在分不清散文、随笔、小品的区别。"又说："散文是一大类，凡是非小说的，用散文形式写的文章，都可说是'散文'。什么是'随笔'？我隐隐约约地觉得游记、带点学术性的论文，像我写过的《天山行色》《花儿的格律》，不能说是随笔。因此这一类的文章本集都没有选。随笔大都有些感触，有点议论，'夹叙夹议'。但是有些事是不好说的，有的议论也只能用曲笔。'随笔'的特点恐怕还在一个'随'字，随意、随便。想到就写，意尽就收，轻轻松松，坦坦荡荡。至于'随笔''小品'就更难区别了。我编过自己的两本小品，说是随笔，也无不可。"

确实如汪曾祺所说，这本集子里，小品、随笔都有，虽然没有分门别类，也没有按某种潜在的规律分"卷"或"辑"，但大致有这么几种类型，一种是与读书和书画美学有关的，如《王磐的〈野菜谱〉》《看画》《谈读杂书》《步障：实物和常理》《写字》《要面子——读威廉·科贝特〈射手〉》《红豆相思——读陈寅恪〈柳如是别传·缘起〉》《阿索林是古怪的——读阿索林〈塞万提斯的未婚妻〉》等。一种是与创作有关的，如《谈风格》《谈谈风俗画》《小小说是什么》《用韵文想》《词曲的方言与官话》《小说的散文化》《中国戏曲和小说的血缘关系》《语文短简》《谈幽默》《思想·语言·结构》《创作的随意性》等。一种是回忆古人旧事的，如《杨慎在保山》《苏三、宋士杰和穆桂英》《吴三桂》《张大千和毕加索》等。一种是关于民俗风情的，如《耿庙神灯》《露筋晓月》《故乡有元宵》《一辈古人》《胡同文化》《八仙》《随笔两篇》里的《水母》和《葵·薤》，还有《水母宫和张郎像》等，《林肯的鼻子》也可归在这一类里。还有一种是关于古迹名胜的，如《文游台》《藻鉴堂》《午门》《山和人——泰山片石之一》《碧霞元君——泰山片石之二》等。当然，也有些篇什，归在哪里都无可无不可。

这本《塔上随笔》，十几年前我就经常翻看。汪曾祺的小说耐读，随笔也耐读，有的篇章读过数遍，仍然意犹未尽，如《随遇而安》一篇，每次读后对汪先生就多一层敬意。"随遇而安"作为人生信条，确实是符合他的个性的，也能让读者从中学到很多做人做事、处人处事的道理。"随遇而安"主要在一个"安"字上，"随遇"没有办法，有时不是以个人的意志为转移的，说是"随遇"也不是随时就可遇，会有许多"人为"因素；而这个"安"，不是安顿下来拉倒，更不是无所事事、垂头丧气、不思进取，而是在"随遇"中，做出自己的一番事来。比如他当年在上海的一所私立中学教书，生活很落泊，生病时只盖没有被里没有被面的棉絮。在同学们写作文时，他就坐在讲台后，在粉笔上画画儿。这不仅需要静，还要钻，难怪下课铃声一响，同学们一拥而上，都来围观他的"大作"，看他在粉笔上画的花、鸟、房子，无不为他能在细细的粉笔头上做出如此精美的画而惊叹；创作上更是迎来他一生的第一个高峰，写了几十篇短篇小说，其中部分篇章选进了第一本小说集《邂逅集》。初到北京赋闲的日子里，他连生活都靠施松卿接济，却仍坚持写作，半年多时间里写十几篇小说、散文。编《说说唱唱》和《民间文学》时，是个优秀的编辑。补划右派后到张家口劳动，画了一大本《中国马铃薯图谱》。十年动乱期间被控制使用，写出了经典现代京剧《沙家浜》。新时期一开始，就拿出了《异秉》《受戒》《岁寒三友》《大淖记事》等名篇。正是这种"平和"的心态，士人的风姿，才成就了他大境界的"随遇而安"。而他那些谈创作的随笔，多是经验之谈，读来更让人受益匪浅，《却顾所来径，苍苍横翠微——小说回顾》《谈风格》《谈谈风俗画》《吃食和文学》《思想·语言·结构》等文章，都不是高头讲章式的说教，也不是故弄玄虚的空谈，读来既贴心贴肺，又接地气，总会给读者产生触动。再对照汪曾祺的小说和散文，回顾自己的创作得失，由此产生联想、发挥，不想进步都难。记得有一段时间，我着迷地写了几篇"汪味"小说，如《废品收购站的老余和食品站的老庞》《不是所有的桑树都结桑椹》《民政局长和他的女儿》等，这些小说都很顺利就发表了。当然，我学的只是"皮毛"，实在无法"走近"汪曾祺，后来也就"随遇而安"写自己了。但汪曾祺的小说散文和谈创作的随笔，依然是我阅读的范本。

近年"汪学"渐盛，我从家里搜罗十余种汪曾祺著作带到北京，其中《晚饭花集》《塔上随笔》《矮纸集》《蒲桥集》最为我喜爱。特别是《矮纸集》按地域划分的编排方式，给了我启示，在广陵书社"回望汪曾祺"续编的九种图书中，汪曾祺原著的有四本，就借鉴了《矮纸集》的编排方式。在《矮纸集》中，有关高邮的小说有20篇，昆明的4篇，上海的1篇，北京的8篇，张家口的3篇，总计36篇。而"回望汪曾祺"里按地域的四种是小说和散文混编的，没有上海的部分。在《矮纸集》中，有汪曾祺的题记和代跋，汪先生的小说观在题记和代跋里有了进一步的阐述。《矮纸集》书名怎么来的呢？陆游《临安春雨初霁》云："世味年来薄似纱，谁令骑马客京华？小楼一夜听春雨，深巷明朝卖杏花。矮纸斜行闲作草，晴窗细乳戏分茶。素衣莫起风尘叹，犹及清明可到家。"《矮纸集》由长江文艺出版社 1996 年初版。《蒲桥集》也是汪曾祺自编文集，是一本很"杂"的散文，封面上有一段文字有意思："齐白石自称诗第一，字第二，画第三。有人说汪曾祺的散文比小说好。虽非定论，却有道理。此集诸篇，记人事、写风景、谈文化、述掌故，兼及草木虫鱼、瓜果食物，皆有情致。间作小考证，亦可喜。娓娓而谈，态度亲切，不矜持作态。文求雅洁，少雕饰，如行云流水。春初新韭，秋末晚菘，滋味近似。"这段文字，明眼人一看就是"汪体"。后来有人向他打听，他赖不过，只好承认："这实在是老王卖瓜。'春初新韭，秋来晚菘'，吹得太过头了。广告假装是别人写的，所以不脸红。如果要我自己署名，我是不干的。"《蒲桥集》在第二次印刷时，汪曾祺写了篇再版后记（其实是"二刷"后记），有一段是关于"文人文学或学者文学"的讨论，汪先生不以为然地说，"我的小说大概不是'学者小说'。'学者散文'的名声比'学者小说'要好一些。英国的许多 Essay 都是'学者散文'。……'学者散文'在中国本来是有悠久传统的，大概在四十年代的后期中断了。""我倒乐于接受'学者散文作家'这样一个桂冠的，可惜来不及了。我已经七十岁了，还能读多少书？"《蒲桥集》初版由作家出版社出版，是作为"四季文丛"之一种。到了 1994 年，作家出版社改版《蒲桥集》时，这篇"后记"没有收入，不知何故。和《塔上随笔》一样，《蒲桥集》也是因为地域环境而得名："蒲桥"即东蒲桥。《晚饭花集》我已经另写一篇小文，在这里不多说。

《塔上随笔》的封面右上角有一幅套色"装饰"图，像极了那个时代报纸副刊上"尾花"的放大。图饰由山峰、宝塔、月亮构成，山峰和宝塔是红的，而月亮是蓝的。弄了这么个不着边际的图饰，大约"附会""塔上随笔"之意。书后有一篇《编者的话》，阐述了"随笔"文体的内涵和丛书编辑的缘起，虽不甚高明，却说出了当时因报纸副刊盛行而导致的散文、随笔大肆发展的"盛况"。这本书的"命运"没有《蒲桥集》《矮纸集》等书的运气好，没有多次再版重印，影响也不及《晚饭花集》《菰蒲深处》，但无疑也是汪曾祺重要的一部自选集，我每次翻看时，都会想，汪先生住在甘家口时，家里住房憋屈，构思好的文章无法及时创作，憋红了脸团团转，被家人喻为急于下蛋的老母鸡；住到塔上时，又因为噪声所扰，多多少少也耽误他的构思，影响他的心情和灵感。如果早点有虎坊桥的环境，也许在创作数量上，还会多些吧。

我有一种想法，就是仿效止庵编辑出版周作人"自编文集"的套路，把汪曾祺的"自编文集"都出一遍，会有十来种。虽然河南文艺出版社已经这么干了，但他们只出版了《邂逅集》《晚饭花集》《菰蒲深处》和《矮纸集》四种。这四本都是小说集。如果再把散文随笔加上，大约"汪粉"们也会喜欢的。

2016 年 9 月 10 日零点二十分初稿于北京草房荷边小筑，时夜深人静，略有秋意。

《八月骄阳》

汪曾祺有一篇"纪实"小说《八月骄阳》,最初发表于《人民文学》1986 年第八期,后被《新华文摘》转载。

汪曾祺的小说,有不少都是"纪实"的,比如关于张家口、西南联大和故乡高邮的一些小说。当然,"纪实"中也往往有虚构的成分。《八月骄阳》也是"纪实"的,小说里跳湖自杀的主人公舒舍予,就是老舍。

这篇小说的写作,起因和刘心武有关。这要从他担任《人民文学》主编说起。

1986 年,《人民文学》杂志社主编是已经担任文化部部长的王蒙。王蒙分身乏术,多次找到刘心武,希望刘心武离开北京市文联,到《人民文学》杂志接替他担任主编。刘心武只好答应。不过 1986 年的杂志上,挂名主编的还是王蒙。刘心武是常务副主编,事实上行使主编的职权。

1986 年是老舍逝世二十周年。二十年前,老舍跳太平湖自杀时，刘心武"还是一个在中学里被吓傻了的年轻教师"。刘心武在他初任"主编"时说："我也算得'新官上任三把火'，说好听了是'初生牛犊不怕虎'，说难听了是'鸡毛封蛋不自量力'，想立刻让杂志呈现出一种新锐的开拓性面貌。我将北岛的长诗《白日梦》刊发在显著版面；将高行键的短篇小说《给我姥爷买鱼竿》作为头条推出；约刘绍棠写来风味独特的中篇小说《红肚兜儿》；又竭力推出广东青年女作家刘西鸿的短篇小说《你不可改变我》（当时她还是海关的工作人员……）。我想到二十年前老舍的悲壮辞世，心潮难平，我知道约写相关的追怀散文不难，却刻意要组来关于老舍之死的小说。"（刘心武《人生有戏·歌剧剧本〈老舍之死〉诞生记》）

谁合适写"关于老舍之死"的小说呢？刘心武放眼文坛，首先想到了汪曾祺，在《人生有戏·歌剧剧本〈老舍之死〉诞生记》里，刘心武写道：

汪曾祺1950年到1957年左右曾在北京市文联老舍和赵树理联袂主编的《说说唱唱》当编辑，他当然熟悉老舍。1986年的时候，人们已经淡忘汪曾祺是"样板戏"《沙家浜》剧本的执笔，他那时因连续发表出《受戒》《大淖纪事》等秉承沈从文风格的短篇小说而广被赞叹，他自己似乎也定位于小说家而非剧作家。我找到他的时候，他告诉我完成了京剧剧本《裘盛戎》，自己很得意，剧团却冷淡，根本没有排演的打算，"不如写小说，没那么多牵制"，我就告诉他我找他正是来约他的小说，但"有牵制，是命题作文"。他一听有点不快，我马上告诉他，今年是老舍辞世二十周年，《人民文学》无论如何要在今年夏秋祭悼一下，发点散文诗歌不难组稿，但我想请人写成小说，以小说形式来表现老舍之死，这样分量重一点，希望他无论如何支持一下。他听后眼睛发亮，表扬我说："你的想法很好。《人民文学》能发小说来纪念老舍，非同一般。你把这题目交给我，我责无旁贷。我应该写。老舍之死值得写成小说。"但是，他稍停顿了一下，却说："难。这个题目太难。"我说："您别打退堂鼓啊。我们等着您哩！"他终于答应"试一试"，又说："其实你们可以多发几篇。也不定要我写的。"

很多人以为汪曾祺写《八月骄阳》祭奠老舍，是因为老舍曾是他的头，是《说说唱唱》的主编，有同事之谊。祭奠当然没有错。事实上是来自刘心武的约稿。当然，汪曾祺能够答应刘心武，一方面是对前辈作家的敬重，另一方面前述原因也很重要，毕竟是上下级关系。不过，从现有的资料来看，老舍当年对汪曾祺并不看好，甚至是冷落。这一点，沈从文看得一清二楚。1965 年，沈从文在回复友人的信中，对友人谈到的"文史系同仁多不会写通顺文章"的现象表示失望，沈从文认为"写得好或许编者反而看不懂，要出路也不容易"，他举汪曾祺为例说："一个汪曾祺在老舍手下工作了四五年，老舍就还不知道他会写小说（而且比老舍还写得好得多），幸而转到京剧团，改写《沙家浜》，才有人知道曾祺也会写文章。"（《沈从文全集》第 21 卷）沈从文无意中说了个大实话，语气中并没有对老舍的不敬，更多的是为他学生抱不平。

其实，汪曾祺倒是对老舍非常敬重，1984年还写过一篇《老舍先生》，对老舍待人接物有较细的描述："客人被让进了北屋当中的客厅，老舍先生就从西边的一间屋子走出来。这是老舍先生的书房兼卧室。里面陈设很简单，一桌、一椅、一榻。老舍先生腰不好，习惯睡硬床。老舍先生是文雅的、彬彬有礼的。他的握手是轻轻的，但是很亲切。茶已经沏出色了，老舍先生执壶为客人倒茶。据我的印象，老舍先生总是自己给客人倒茶的。"

汪曾祺的随遇而安大家都是知道的。老舍不知道汪曾祺会写文章也不奇怪，因为从年龄上讲，汪曾祺是晚辈，又是下级，不在他的"朋友圈"内也属正常。对于汪曾祺而言，老舍在文学界的影响和当时的处境，他毕竟清楚，特别是老舍之死，对他触动很大，有这样机会写文章，他当然愿意试试了。汪曾祺何时动笔不得而知，但从文后写作日期所写"一九八六年六月二十二日二稿"可以看出，是费一番功夫的。汪曾祺的文章大都一稿而成，除了个别篇什在子女的"严格审查"下有多次修改另当别论（如《寂寞与温暖》），《八月骄阳》写了二稿，是罕见的。有一次我问过刘心武，约汪曾祺写《八月骄阳》大约在何时。刘先生说，和发表时间相距不太远，大约有两个月左右。那么这篇小说构思时间应该是在当年的五月下旬至六月上旬了。

老舍自杀那天是1966年8月23日。这段时间，汪曾祺日子也不好过。汪曾祺的子女汪朗、汪明和汪朝，在汪曾祺逝世后，分别写过回忆文章，后来合集《我们的老头汪曾祺》一书，先后在大陆和香港出版。书中关于这段描写较为详细。首先紧张的是夫人施松卿，她把三个孩子叫到身边，预先告诉他们几件事，好让他们有个思想准备：一是，（汪曾祺）家庭出身大地主；二是，在"反右"中有过错误言论；三是，会有被人揪住不放的历史问题，一些剧本和文章也可能遭到批判。事后证明，施松卿的判断是对的，汪曾祺很快被揪了出来，罪名是"黑鬼""小邓拓""黑爪牙"。贴他大字报的标题是"老右派，新表演"。汪曾祺开始没完没了地接受批斗，写检查，干杂活。施松卿告诫孩子们"你们要和爸爸'划清界限'"，儿子反问："那你还怎么给他打酒？"虽然在单位遇到批判，回家能感受到家庭的温暖，给汪曾祺心灵带来极大的安慰。"有一天中午刚过，爸就呼哧呼哧地跑回来，说造反派'通知'，下午要来抄家。'无论出了什么事，你们都呆在自己屋里别出来！'嘱咐完了，又急急地跑下楼，到路口'迎候'造反派，还得领着他们到'居民革命委员会'找个老太太'联合行动'"。（汪朗等《我们的老头汪曾祺》）杨毓敏在接受陈徒手采访时透露说，汪曾祺在被揪出那段时间里，"没有受到什么皮肉之苦，就有一次罚跪，一次挂牌在院子里游一圈"。这可能因为他只是个"小人物"有关。没有受"皮肉之苦"，在家还有酒喝，汪曾祺也安于现状，每天回家往床上一躺，说了句"又是一天"，便喝茶饮酒，甚至还有闲情逸致，和孩子一起剪红太阳贴在墙上，邻居们都夸赞好看。

但是，老舍就没有汪曾祺的"待遇"和"幸运"了，老舍被揪出来时，就遇到了狠角。就在他自杀那天上午，北京市文化局、文联揪出了老舍、田蓝、骆宾基等人，把他们拉到孔庙，跪在焚烧的戏装四周，批斗、抽打。老舍头被打破，被提前送回，又在机关院内受到揪斗。折腾一天，回家后又缺少家人的关爱，给他思想和心灵造成重创。吴营洲在《也说知识分子的妻子》中谈到老舍之死，透露说，"老舍先生的凄然离世，自然是因为他受到了诸多不堪忍受的凌辱，甚至有人诬陷他是文化特务。但是，老舍先生被'批斗'后，并不是直接去的太平湖，而是深夜回到家中的。回到家后，不仅连口饭都没有，甚至连口热水都没有。那种幻灭感、可能痛彻心肺。"（载 2006 年 4 月 28 日《杂文报》，并被选入《2006 中国随笔排行榜》一书）无独有偶，在《随笔》杂志 2006 年第六期上，刊登李普的一篇长文《楚狂本色总依然》，有这样一段文字也值得关注："据我所知，在历次政治运动中，自我了断的人，大多数由于回到家里还要挨批斗。家是一个人的窝，是他或她的避风港，是这个人最后的退路。如果回到家里也被当成敌人，就真是走投无路，只有死路一条了。我的一个好朋友，就是这样投水自尽的。他在外面挨了斗，被人打了一记耳光，回到家里，他的妻子又率领儿女斗他，他就走了上绝路。"李普虽然没有明说这个"好朋友"是谁，了解老舍的人都知道是指老舍。老舍和夫人胡絜青之间的关系，许多文章和书籍都有更详尽和深刻的描述，大致和美女作家赵清阁有关（这里不便展开）。我想说的是，汪曾祺"落难"期间，没有"多想"，固然和他乐观的情绪有关，和他在家里受到很好的"优待"也有很大关系。汪明在《我们的老头汪曾祺》里回忆说：

　　不断听说有熟人自杀，有的人甚至还没等到造反派发现，先"自绝于人民"了。一天傍晚和爸散步，我对他说："你不要跳楼。""为什么？""跳下来很难看，还被人围着骂。""噢。"走了一会儿，我又对他说："不许自杀！"爸说："好吧。"一天闲着没事儿，我们兄妹跑到爸的京剧团看大字报，在许多花花绿绿、满是错别字的大字报中间发现了爸的名字——《汪曾祺，老右派新表演》。大字报说爸反右以后没闲着，一直在干反党反社会主义，宣扬才子佳人、封建糟粕的坏事。一会儿工夫，又听见"快走！""老实点儿"的喊叫，一队人灰溜溜的朝我们走过来，两人一组抬着一筐煤。前面是几个名角，后面有爸爸。爸被剃了光头，衣服上满是煤末子，他一眼看见我们，很不安地低下头，匆匆地走了过去。

回家把爸的狼狈样讲给妈听，妈妈指挥我们晚饭做了几样菜，还打了酒。爸推门进来时有点尴尬，样子挺可笑。汪朝先发言："爸剃了秃子不好看！"汪朗过去摸摸他的光头："怎么尽是疤拉呀？"全家都笑起来，爸交代说他小时生过痢痢头，我们就叫他"小痢子"。这以后，爸每天回来都给我们讲他们那些"黑帮"的新鲜事，也拿"造反派"开心。爸让我们知道了许多过去不懂的事情。

有这样的家庭氛围，汪曾祺得以度过了一段艰难的岁月，成就了以后的汪曾祺，也才有在老舍逝世二十周年后，刘心武庄重的约稿。

在汪曾祺眼里，老舍的家庭生活是什么样的呢？在《老舍之死》
开篇，汪曾祺就说：

> 北京东城乃兹府丰富胡同有一座小院。走进这座小
> 院，就觉得特别安静，异常豁亮。这院子似乎经常布满
> 阳光。院里有两棵不大的柿子树（现在大概已经很大了），
> 到处是花，院里、廊下、屋里，摆得满满的。按季更换，
> 都长得很精神，很滋润，叶子很绿，花开得很旺。这些
> 花都是老舍先生和夫人胡絜青亲自莳弄的。天气晴和，
> 他们把这些花一盆一盆抬到院子里，一身热汗。刮风下
> 雨，又一盆一盆抬进屋，又是一身热汗。老舍先生曾说：
> "花在人养。"老舍先生爱花，真是到了爱花成性的地步，
> 不是可有可无的了。汤显祖曾说他的词曲"俊得江山助"。
> 老舍先生的文章也可以说是"俊得花枝助"。叶浅予曾
> 用白描为老舍先生画像，四面都是花，老舍先生坐在百
> 花丛中的藤椅里，微仰着头，意态悠远。这张画不是写实，
> 意思恰好。

这是五十年代初期的老舍，那时他正意气风发，汪曾祺的描
写也正好。但这只是"歌舞升平"时的表象，许多内在的东西是
要经得起淘洗和磨砺的。

汪曾祺关于老舍之死的这篇《八月骄阳》，只截取了老舍来
太平湖的最后一小段人生，在平静的叙述下，写出了老舍的徘徊、
犹豫、难舍和最后的决绝。而小说中另外几个人，也扮演了各自

的角色，过去拉洋车、现在在太平湖的看门人张百顺，利用太平湖的天然资源，搞点小副业，先是"捞点鱼虫、苲草，卖给养鱼的主"，后来"摸点螺蛳，淘洗干净了，加点盐，搁两个大料瓣，煮成螺蛳卖"。曾经唱戏的刘宝利，抄写、收藏两箱子珍贵的京剧"本子"，常来太平湖边，"把鸟笼子挂了，还拉拉山膀，起两个云手，踢踢腿，耗耗腿。有时还念念戏词"。过着自得其乐的生活。顾止庵不得了，做过私塾先生，后来帮人抄书，抄稿子，字也漂亮，是个有学问的老先生。这三人的生活都很悠闲、自在，还有住在湖边的两个打鱼户。汪曾祺的小说，有时候精练的不得了，有时有一大堆闲笔，像《大淖记事》一共有六节，前三节都是对于大淖及周边环境和当地风俗的描写，直到第四节才有人物和故事；像《受戒》对几个和尚和荸荠庵的描写，都占了太多的篇幅。但这些闲笔细一琢磨，都不闲。《八月骄阳》前边也用了太多的"闲笔"，三个有名有姓的人物，还有两个无名姓的打鱼人，他们在老舍人生最后的时刻，见证了事态和世俗。来太平湖练功的刘保利首先发现了湖里的异常，叫来两个打鱼的捞上了人。顾止庵观察周边的环境，从逝者的物件上判断出他是"想死的心是下铁了的"，还确定和死者曾经相熟，"这话有小五十年了！我那会儿教私塾，他是劝学员"，"怪不得昨儿他进园子的时候，好像跟我招呼了一下"。又通过刘宝利和张百顺的对话，把老舍一生的主要作品带了出来，《骆驼祥子》《龙须沟》《茶馆》。小说最后的结束是几人的对话，顾止庵说，"我本将心托明月，谁知明月照沟渠"。刘宝利说，"千古艰难为一死啊"。顾止庵又叹口气，最后说，"士可杀而不可辱"。小说结束。

　　和汪曾祺惯常的小说结构一样，没有大起大落的矛盾冲突，却能看出字里行间外溢的情感。读到这里，相信每一个人心里都有一个"结"，都有一种沉瘀不散的感觉。

　　这篇小说有不少别致的用词，也值得一说，如"野水""闲在""一块堆儿""欢势""伏地""苦哈哈，命穷人"，等等，有的是北京土话，有的不知哪里方言，用在小说里，都特别舒服。这就是汪曾祺的语言功力。

　　据刘心武在《人生有信·歌剧剧本〈老舍之死〉诞生记》里透露，和汪曾祺同时约写小说的还有苏叔阳的一篇，苏叔阳曾写过多幕话剧《太平湖》，对老舍也是心怀敬意。不过在两篇小说发表后，"反响不如预期"。

　　这也难怪，命题小说本来就难做，又何况这是一篇关于老舍之死的命题小说呢。刘心武虽然理解两位作家，同时没有一篇更好的祭奠老舍的文章，也成了他的"一块'心病'"。多年之后，远在巴黎一个朋友，告诉刘心武，有人想请他写一个关于"老舍之死"的歌剧剧本，"倘是别的题材，我肯定一口回绝，但听说是《老舍之死》，我心动了"。刘心武怀着悲悯情怀开始构思，于 2002 年写出了歌剧剧本《老舍之死》，也算是弥补他一个小小的遗憾吧。

　　2016 年是老舍先生逝世 50 周年了，许多人还会惦记着他，也会惦记汪曾祺的《八月骄阳》和刘心武的歌剧剧本《老舍之死》。

2015 年 8 月 18 日写于北京草房荷边小筑。
2016 年 9 月 5 日晨校改于连云港花果山酒店。

《大淖记事》里的一条注释

　　《汪曾祺小说全编》采用的编排方法和别家不太一样，不仅"按创作时间（辅以发表时间）排序"，而且"每篇小说都有题注，标明原载报刊、收入集子以及笔名、内容改动等版本信息"，内文中还有注释。（《汪曾祺小说全编·出版说明》，人民文学出版社 2016 年 4 月出版）应该说，这种形式有助于读者对汪曾祺作品的阅读和理解，也给研究者带来诸多方便。

　　《大淖记事》篇后有三条注释，第二条的"蒌蒿"注释如下：

　　　　蒌蒿是生于水边的野草，粗如笔管，有节，生狭长的小叶，初生二寸来高，叫做"蒌蒿薹子"，加肉炒食极清香。苏东坡诗："竹外桃花三两枝，春江水暖鸭先知。蒌蒿满地芦芽短，正是河豚欲上时。"蒌蒿见于诗，这大概是第一次。他很能写出节令风物之美。

这条注释显然是根据汪曾祺的自注演化而来的。

这条注释不够准确。"蒌蒿是生于水边的野草,粗如笔管"没错。"初生二寸来高,叫做'蒌蒿薹子',加肉炒食极清香"也没错。"有节,生狭长的小叶",不准确,或者错了。蒌蒿没有"节",叶子也不是"狭长"型,是"叶羽状半裂"形。在汪曾祺这篇小说里,这个字也不读"蒌"(lóu),而是读lǚ(吕)音。

汪曾祺早就注意到这个问题,他在《故乡的食物》里写道:

> 小说《大淖纪事》:"春初水暖,沙洲上冒出很多紫红色的芦芽和灰绿色的蒌蒿,很快就是一片翠绿了。"我在书面下方加了一条注:"蒌蒿是生长于水边的一种野草,粗如笔管,有节,生狭长的小叶,初生二寸来高,叫做'蒌蒿薹子',加肉炒食极清香……"蒌蒿的蒌字,我小时不知怎么写,后来偶然看了一本什么书,才知道的。这个字音"吕"。……我查了几本字典,"蒌"都音"楼",我有点恍惚了。"楼""吕"一声之转。许多从"娄"的字都读"吕",如"屡""缕""褛"……这本来无所谓,读"楼"读"吕"关系不大。但字典上都说蒌蒿是蒿之一种,即白蒿,我却有点不以为然了。我小说里的蒌蒿和蒿其实不相干。读苏东坡《惠崇春江晚景》诗:"竹外桃花三两枝,春江水暖鸭先知。蒌蒿满地芦芽短,正是河豚欲上时。"此蒌蒿生于水边,与芦芽为伴,分明是我家乡人所吃的蒌蒿,非白蒿。

　　汪曾祺的"不以为然"我深有同感。但汪曾祺也没有把事情"说透"，他"自注"也说是"生狭长的小叶"。果真这样，那真是白蒿了。但他又明确说是"蒌蒿"（蒌蒿的叶子是叶羽状半裂型），还不厌其烦地介绍一大堆。蒌蒿和白蒿，确实是两种不同的植物。白蒿，就是南京喜欢吃的芦蒿之一种。

　　很多人把"蒌蒿"误认为"芦蒿"，即汪曾祺所说的"白蒿"。

　　有一次我在南京出差，和朋友一起吃饭。席上有两个"汪迷"。喝酒聊天时，因桌上的一盘"芦蒿香干"的小炒，自然就拐到了汪曾祺身上，又自然地说起汪曾祺的作品，说他的字画和热爱的美食。其中一个"汪迷"指着盘中清清爽爽的清炒芦蒿说，汪先生也会做这道菜。还说《大淖记事》里写过。我接话说，汪先生《大淖记事》里写的蒌蒿，和他后来在家办菜的小炒芦蒿不是同一种。两位"汪迷"都不赞同我的话，他们不知从哪里得到一个极端"迷信"的思想，认为蒌蒿就是芦蒿。还搬出"蒌蒿满地芦芽短"一句，说这里的蒌蒿，即芦蒿。我说，不对，苏东坡说的蒌蒿就是蒌蒿，和芦蒿不搭界。蒌蒿和芦蒿是两种不同的植物。但他们决不相信，争执是难免的，后来竟然有点"不愉快"，差点不欢而散。

　　著名评论家、"汪学"研究家王干先生有篇随笔《江南三鲜》，写到芦蒿时，也说"蒌蒿即是芦蒿"。

　　让我们再来还原一下《大淖记事》里的描写："淖中央有一条狭长的沙洲。沙洲上长满茅草和芦荻。春初水暖，沙洲上冒出很多紫红色的芦芽和灰绿色的蒌蒿，很快就是一片翠绿了。夏天，茅草、芦荻都吐出雪白的丝穗，在微风中不住地点头。"

　　众所周知，《大淖记事》描写的是汪曾祺家乡高邮的事，临水的"沙洲"上冒出"灰绿色的蒌蒿"。这种蒌蒿在苏北地区十分常见，我家乡东海县"东南荡"一带，水边、坡地、码头嘴上，都会有蒌蒿，一丛丛一簇簇，真是"蒌蒿遍地"。早春三月，刚一出土时，连茎带叶割下来，是上等的野蔬，做玉米粉菜饭时，放一团蒌蒿头，再放点黄豆瓣，一等鲜。蒌蒿的纤维化很低，就是夏天，掐了嫩头，也可食用。《野菜谱》曰："采蒌蒿，采枝采叶还采苗。我独采根卖城郭，城里人家半凋落。"蒌蒿的根确实可以食用，白色而细长，煮熟，伴上姜蒜，滴上麻油，又面又香，另有一点点泥土般清新的涩味。《大淖记事》里有一句，"各里各乡风"，我们那里的人，一个乡镇的口音都不同，把蒌蒿，有叫成"吕蒿"的，有叫成"女蒿"的，有叫成"驴蒿"的，和汪曾祺《大淖记事》里的蒌蒿，还有苏东坡诗里的蒌蒿，都不是芦蒿。

南京人爱吃的芦蒿，叶子确实是"狭长"型的，八卦洲上人工栽培有数千亩，分白芦蒿、青芦蒿、红芦蒿数种，主要吃茎秆，热火爆炒，清香脆嫩，营养丰富。

蒌蒿和芦蒿两种植物的最大区别，除了叶型明显不一样外，还有茎秆，芦蒿如不及时采收，在高温下生长，容易纤维化甚至木质化。

那么，问题来了，蒌蒿和芦蒿到底是什么"关系"呢？去网上搜一下，乱七八糟的解释很多。而"蒌蒿"词条根本没有。搜"蒌蒿"，出来的就是"芦蒿"。不过有一段话引起我的注意，大致是说，此种类型的蒿，有一百多种，包括艾蒿、藜蒿、柳蒿等，其中还有四十多个变种。那么，苏北地区水边、泽地生长的蒌蒿，是不是芦蒿的变种呢？

　　《汪曾祺小说全编》是作为《汪曾祺全集》"小说卷"而先期出版的（在是书封底上有明确的说明）。我觉得，这么一部花费心力并带有学术性质的"全集"，在注释上，还是要力求准确。在"蒌蒿"这一条上，注者没有说"蒌蒿即芦蒿"是客观的，但应该在末后加上"蒌"字的读音，便于和芦蒿区别开来。

　　　　　　2016 年 9 月 7 日草于北京草房荷边小筑。

重读《受戒》

　　汪曾祺的《受戒》发表后，给文坛带来一股不一样的新气象，不仅多家杂志转载、评论，《小说选刊》在转载时还配发了汪曾祺的创作谈。关键是让许多人惊呼，这种题材也能写啊？确实，在当时的写作环境里，这样的作品确实不合时宜。彼时流行的文学式样是"伤痕""反思"，刚刚复出文坛的作家，都在反思。反思社会，反思各种运动对人性的束缚和伤害。要说汪曾祺的"伤痕"不比他们少，右派，摘帽右派，下放劳动，走资派，被抄家，他会有更多的"反思"，但他没有随大流——汪曾祺似乎从来就不是随大流的作家。在他生活中，无论受到什么样的不公，遇到什么样的困难，反映到文学作品里，呈现的都是美，让人感受到善良的温度，人性的纯度。我二十年前读《受戒》，读完以后心里不是滋味，傻傻地发了小半天呆，在人物的情绪里迟迟走不出来，甚至天真地想，小说不应该就这样结束，在明海和小英子划船进入芦苇荡后，还要继续往下写，最好是明子闹着还俗才好。但我也知道这是小说家的"计谋",让读者难受的小说才是好小说。

这几天在论坛里瞎逛,跟坛里的写手们打牙撩嘴,最后发生了争执。一个叫"痛哭一晚"的坛友对我评价她的帖子不服气,跟帖时说,有本事你也写呀,也贴一篇上来看看啊。我在她的激将下,贴一篇小说上去。坛里人看了,有人说不错,有点水准,有的人很批,认为一分钱不值。"痛哭一晚"的跟帖毫不客气,且尖酸刻薄:"你这是小说吗?乱稻草,看看人家汪曾祺的《受戒》。"我不得不说,这家伙掐架的水准够高,抬出汪曾祺,让我觉得这次论坛大战积累的许多小胜,仅这一个回合就败光了。

我找出《受戒》,重读一遍。

《受戒》是写小和尚明海从出家到受戒的故事。故事极其简单,明海被他当和尚的舅舅带到荸荠庵出家了。荸荠庵附近住着小英子一家。小英子家租种庙里的十亩水田。这样,两个年龄相仿的孩子就常在一起玩耍了。明子(明海小名)拿铜蜻蜓到小英子家玩捉鸡的游戏,看准一只老母鸡,把铜蜻蜓一丢,鸡婆子上去就是一口。这一啄,铜蜻蜓的硬簧绷开,鸡嘴撑住了,叫不出来了;小英子请明子回家为待嫁的姐姐画花样。因为花样画得好,不但认了小英子的母亲做干娘,还被四乡八镇请去画花样;明海也会帮小英子家一起干农活,一起踩水车,一起收荸荠,小英子会在泥水里,故意去踩海明的脚丫子玩。就在这些交往中,在两个少年的心里萌发了朦胧的感情。后来,明海去善因寺受戒了,是小英子划船送去的。几天后,也是小英子划船把受了戒的明海接回来的。小说的精彩部分就是在回荸荠庵的途中,结束也在芦苇荡中。可我们知道,小说并没有结束,还有太多太多的故事等着我们去联想。

多少年后，重新找出《汪曾祺短篇小说选》，看在《受戒》标题上方，不知什么时候写下的一段"眉批"：汪氏小说，散、淡、轻、清、静、平、远，没有大起大落的故事，没有大喜大悲的情节，人物也都是清亮、明丽，却让人读后不能平静。这篇《受戒》，也有这些元素，却在散淡的笔墨中，能感受到小说里的大起大落和浓得化不开的心结。

这么多年下来了，研究汪曾祺的文章很多，我这点浅见更不新鲜。我对着这段文字想了想，慢慢开读。

应该说，重读后的心情不像先前那么复杂（当然依旧复杂），小英子多美啊，多纯啊，多机灵啊，用现在的话，叫冰雪聪明。明海是多好的少年啊，和小英子一样聪明，能干，懂事。不讲人物的身份（明海是和尚），小英子和明海在汪曾祺的笔下是完美的少年。只有汪曾祺才能写得这么美，这么稳，人物个性才会这么鲜活水灵，才这么松散而又有序。真是一部精品中的精品。

——"散"而不散的描写。

是的，汪曾祺的小说，风格一直散淡而清丽，像一汪碧水，像雨后蓝天，透着散文式的纯美和诗歌的明净。老先生自己也承认："我的一些小说不大像小说，或者根本就不是小说。有些只是人物素描。我不善于讲故事。我也不喜欢太像小说的小说，即故事性很强的小说。"又说："散，这倒是有意为之。我不喜欢布局严谨的小说，主张信马由缰，为文无法。苏轼说：'大略如行云流水，初无定质，但常行于所当行，常止于所不可止。文理自然，姿态横生。'（《答谢民师书》）……虽不能至，心向往之。"（《汪

曾祺短篇小说选·自序》）

这篇《受戒》也散。小说里有大段情节都像"闲笔"，对荸荠庵的介绍、舅舅如何教念经、养猪杀猪的描写等等，特别是对荸荠庵和庵里六个人的介绍，更是占据了很大的篇幅，粗略算一下，竟有两千来字。

小说不厌其烦地介绍五个和尚（算上明海），老和尚普照六十几岁，"是个很枯寂的人，一天关在房里，就是那'一花一世界'里。也看不见他念佛，只是那么一声不响地坐着。他是吃斋的，过年时除外"。老和尚有三个徒弟。师兄弟三个是怎么样的呢？明子的舅舅仁山，是大师兄，也是当家的和尚，作者是这样写的："仁山所说当一个好和尚的三个条件，他自己其实一条也不具备。他的相貌只要用两个字就说清楚了：黄，胖。声音也不像钟磬，倒像母猪。聪明么？难说，打牌老输。他在庵里从不穿袈裟，连海青直裰也免了。经常是披着件短僧衣，袒露着一个黄色的肚子。下面是光脚趿拉着一对僧鞋——新鞋他也是趿拉着。他一天就是这样不衫不履地这里走走，那里走走，发出母猪一样的声音：'嗯——嗯——'"真是没有一点正形。二师父仁海更是不像话："他是有老婆的。他老婆每年夏秋之间来住几个月，因为庵里凉快。庵里有六个人，其中之一，就是这位和尚的家眷。仁山、仁渡叫她嫂子，明海叫她师娘。这两口子都很爱干净，整天的洗涮。傍晚的时候，坐在天井里乘凉。白天，闷在屋里不出来。"三师父仁渡是个聪明精干的人，会算账："有时一笔账大师兄扒了半天算盘也算不清，他眼珠子转两转，早算得一清二楚。他打牌赢的时候多，二三十张牌落地，上下家手里有些什么牌，他就差不多都知道了。他打牌时，总有人爱在他后面看歪头胡。谁家约他打牌，就说：'想送两个钱给你。'"他还会"放花焰口"。"所谓'花焰口'就是在正焰口之后，叫和尚唱小调，拉丝弦，吹管笛，敲鼓板，而且可以点唱。仁渡一个人可以唱一夜不重头……有一回，在打谷场上乘凉的时候，一伙人把他围起来，非叫他唱两个不可。"他先唱一个安徽的小调："唱完了，大家还嫌不够，他就又唱了一个：姐儿生得漂漂的，两个奶子翘翘的。有心上去摸一把，心里有点跳跳的。"这就是荸荠庵的现状。小说在描写了几个怪异的和尚后，作者这样说："这个庵里无所谓清规，连这两个字也没人提起。"

对几个和尚的介绍，看起来确实是一大堆闲笔，闲得离谱了，占用的篇幅不少。和明海小英子的故事毫不搭界。果真是这样吗？在乡间小庙，周围的人都没觉得和尚们离谱，觉得这是他们日常的生活。明海和小英子当然也这么认为。

闲笔紧接着闲笔：和尚们还经常打牌，"把大殿上吃饭的方桌往门口一搭，斜放着，就是牌桌"，"牌客除了师兄弟三人，常来的是一个收鸡毛的，一个打兔子兼偷鸡的，都是正经人"。我看到这里时居然笑了。"偷鸡的"是正经人，大约是和三兄弟相比吧。这是一间什么样的小庙啊。原来和尚能够和任何人打成一片。正是在这样的环境里，才有明海和小英子一家的交往。更有明海和小英子的交往，才有踩荸荠时，小英子"故意用自己的光脚去踩明子的脚"。明子看到小英子留在地上的一串小脚丫，才有一种"从来没有过的感觉，他觉得心里痒痒的"，"这一串美丽的脚印把小和尚的心搅乱了"。看到这里，还觉得这些描写是多余的吗？正是这些"散"的描写，小英子和明子怎么样都不为过了，说白了，就是为两个少年合理的心理变化和情感演进做铺垫的。

　　——准确传神和乡俗的诗意。

　　《受戒》这部作品，感动读者的地方很多，不仅是小说中透露的至纯至真的少年情感，还有简约又准确的语言，可以说达到了化境，比如在说明子念了几本《三字经》《百家姓》后，每天还写一张字，作者这样写道："村里都夸他字写得好，很黑。"字写得好，不说横平竖直，不说构架，不说笔锋，也不说字体，而是"很黑"，典型的乡村语言。旧时的乡村，文化落后，自然没有几个识字的人，他们夸一个即将受戒的小和尚的字，只能用"很黑"来表示，而很黑，能感觉到是最高级别的夸奖了，试想一下，如果把"黑"换成任何一个字都不够准确，比如"大"，比如"亮"，比如"好看"等等。"大"，用树枝在地上也能写大字，而"黑"，在乡民们看，是用墨写的，是讲究的，因此，村民们的夸奖也是真诚的，发自内心的。小说的力量，故事的精巧当然是主体，情节的曲折离奇也很重要，人物命运的悲惨同样能感染人，但语言的准备和能不能给人以语感上的享受，才是感染读者的法宝。

　　对于小英子家的描写，照例是来一通"散"板："门里是一个很宽的院子。院子里一边是牛屋、碓棚；一边是猪圈、鸡窠，还有个关鸭子的栅栏。露天地放着一具石磨。正北面是住房，也是砖基土筑，上面盖的一半是瓦，一半是草。房子翻修了才三年，木料还露着白茬。正中是堂屋，家神菩萨的画像上贴的金还没有发黑。"然后是："房檐下一边种着一棵石榴树，一边种着一棵栀子花，都齐房檐高了。夏天开了花，一红一白，好看得很。栀子花香得冲鼻子。顺风的时候，在荸荠庵都闻得见。"妙就在最后一句，冲鼻子的花香，"荸荠庵都闻得见"。这里的花香是多意的，让人联想的。这就是传神。

形容赵家姐妹俩长得一样，像一个模子"托出来的"，"托"字用得极妙。而后边的妙语更是接踵而来："眼睛长得尤其像，白眼珠鸭蛋青，黑眼珠棋子黑，定神时如清水，闪动时像星星。浑身上下，头是头，脚是脚。头发滑溜溜的，衣服格挣挣的。"这样的小英子，这样的纯情少女，谁不喜欢呢。形容明子在场上扬鞭打号子，小英子是怎么夸的呢？"一十三省数第一！"也许并不是夸他的嗓子好。一十三省数第一，这句话几乎是唱出来的，隐着快乐和自豪。

小说正是有这些精细而传神的描写和准确而带有乡俗的诗意叙事，才构成一部成功作品的内核。

——人物对话中隐藏的内涵。

可以照录一段对话，来欣赏轻音乐般的汪氏语言，那是明海受戒以后，小英子去善因寺看他，隔着一条护城河，小英子喊道：

"明子！"

"小英子！"

"你受了戒啦？"

"受了。"

"疼吗？"

"疼。"

"现在还疼吗？"

"现在疼过去了。"

"你哪天回去？"

"后天。"

"上午？下午？"

"下午。"

"我来接你！"

"好！"

……

　　这段对话里，含有太多的内涵，太多的韵味，太多的情感，而且干净、利落，没有一个多余的字，标点也恰到好处（从标点上能感受到他们的口气），仿佛两个孩子的对话就在身边，刚刚结束，或者，刚刚开始。这分明是两个凡心未脱的孩子，又分明看出两个孩子的心地。

　　对话是这篇小说最出彩的部分，有四段对话，都发生在小英子和明海之间，堪称经典。不仅对话本身经典，也包含了对故事的推进。一段是舅舅带了明子到"一个河边"，明子上船后，有人跟他说话："是你要到荸荠庵当和尚吗？"明子点点头。说话的正是小英子。这是二人初次接触，小英子对他很好，还扔给他半个莲蓬。第二段是明海要到善因寺去受戒，小英子准备划船送他。这段对话，小英子是快乐的，她好奇地想知道明子为什么要受戒，疼不疼。在小英子得到满意的答复之后，她的反应是"兴奋的很"。第三段便是上述引用的部分，小英子充满对明海的关心，而且自己也做了精细的打扮，"穿了一件细白夏布上衣，下边是黑洋纱的裤子，赤脚穿了一双龙须草的细草鞋，头上一边插着一朵栀子花，一边插着一朵石榴花"。小英子就是这样一身美丽的装束，隔着河大声和明海说话的。第四段小英子接了明海回荸荠庵的途中，二人在船上，一人把桨，一人扳艄。这段对话更为绝妙，也提升了全篇，小英子先打听受戒时的趣闻，进而打听善因寺石桥方丈："说他的方丈比小姐的绣房还讲究？"明海不仅回答说讲究，还充满羡慕的口气说"什么东西都是绣花的"。最为关键在这一句，小英子问："他是有一个小老婆吗？"明海回答"有一个"时，小英子又问："才十九岁？"明海说："听说。"小英子说："好看吗？"明海说："都说好看。"少女的心，到这时已经泛起涟漪了。水到渠成的，在要到那片芦花荡子时："小英子突然把桨放下，走到船尾，趴在明子的耳朵旁边，小声地说：我给你当老婆，要不要？"

这四段对话层层推进，最后要表达的都表达了。如果没有荸荠庵大量的描写，没有关于几个和尚们的大量的介绍，仅把这四段对话相连缀，也是一篇完整的小说。完全是对话的小说，汪曾祺还真写过，那是在他去世后的第二年，发表在《北京文学》上一篇连标点在内只有136字的小说《熟人》，通篇只是两个人的对话。这篇小说的奇妙之处是，对话二人每句话里都试图打探出对方是谁，可都没有直接问。到了最后，实在没招了，才来一句："你是谁？我不认识你。"像《熟人》这样的小说，是不需要用"闲笔"来做介绍和铺垫的。但《受戒》不行，如果只把那四段对话连缀成一个短篇小说，当然也成立，那样的话，一个小和尚和一个乡村少女美丽的水晶般透明的爱情，就显得轻浮，显得不合情理，显得没有依据，没有了根须。正是那一大堆看是"闲笔"的介绍，才让两个少年的爱情那么合乎情理，那么美丽绝伦。

在汪曾祺的小说中，有完整故事的小说并不多。而这篇《受戒》的故事隐藏在那么多"闲笔"中，更是别出心裁，让人难忘。特别是小说那么多的"枝蔓"，其实都是有意义有谋划的，看似信笔写去，毫无节制，最后却另有深意，让人会心。难能可贵的是这些"枝蔓"是如此的准确传神，加上人物对话中的隐藏的内涵，还有穿插其中的乡俗描写，这些都构成了小说的诗意叙事。

2007 年 5 月 26 日于东胜神洲花果山下。

人老了，书还年轻
——从《人间草木》说开去

人老了，书还年轻。这句话让我想起了汪曾祺。

汪曾祺生前出版的书，我买了有十来本，《汪曾祺短篇小说选》《晚饭花集》《塔上随笔》等是我经常要从书架上取下来慢慢翻看的书，有时读一篇，有时读几篇，每次总会有点新收获。

我有个阅读喜好，对于喜欢的作家，会搜集他的各种著作版本。汪曾祺逝世以后，他的作品被多家出版社反复出版，大部分都是重复的，但我也买了很多，集中摆在书架的几个格子里，有几十种吧。其中有一本《人间草木》，出版于汪曾祺逝世以后，是我比较偏爱的一本，在书房闲坐的时候，或想找一本书打发时光的时候，首选就是这本《人间草木》。这本书还有一个副标题"谈草木虫鱼散文 41 篇"。我觉得这个副标题可要可不要。要了，没有不要好。加这个副标题，可能是因为书中所谈不仅是"草木"，还有"虫鱼"吧？有"内有新衣一件"的嫌疑，其实完全不必。

如果严格地讲，"41 篇"只是大题目，许多题目下，还有若干篇小文章，比如《关于葡萄》，就有《葡萄和爬山虎》《葡萄的来历》《葡萄月令》组成。如果说《关于葡萄》里的三题都和葡萄有关，《昆明的花》就写了昆明不同的花花草草 12 种，共有 9 个小题目。《生机》一篇，也是收了《玉头》《豆芽》《长进树皮里的铁蒺藜》等三篇短章。类似这种大题目下跟着一串短章的篇幅还有好多。

这本书是怎么来的呢？

2007 年春天，我因事在北京待了几天，离京时，突发奇想，逛逛北京城，走走长安街。于是，一大早便从所住的东三环一带，向天安门方向步行，因为到北京站乘火车是在晚上，一整天时间怎么打发？走走看看，走累了再乘公交车，走饿了就吃饭。就这么一路闲走，看到了长安大戏院的门脸子。没在这家大戏院里听过戏，从门缝里张望几眼总可以吧？没想到长安大戏院的门厅是开放的，推门就可进去。偌大的门厅里，居然有一角摆成了书铺。书的品种不多，都是平摆开来，数得出来的几种，这本《人间草木》尤其出挑，一看，汪曾祺的书。我也是汪迷，当然要买了。

有了《人间草木》，不再闲逛也不再望呆了，而是在街边的一张条椅上坐下，慢慢翻慢慢读。我一直这样想，读汪氏的书一定要慢，一个字一字去品，连标点都不要落下，要想获得某种离奇情节或寻求感观刺激，就不要读汪氏的书。北京的春天还很有些凉意，虽不至于哈手跺脚，也时不时要把手藏起来。就在北京长安街边的条椅上，在三月的阳光里，我把这本《人间草木》摊在腿上，大约花费四五个小时的时间，把这本书读完了，连段春娟写的"编后记"都读了两三遍。

作家出版社在不久前曾出版过一本类似的书，叫《草木春秋》，我也买来通读一遍。但是，还是山东画报出版社这本好，主要原因是选的图好，封面设计好，编排好，还有开本舒服。总之，这是一本有意味的书，可把玩的书。

《人间草木》所选的第一篇文章，是汪曾祺的旧作《花园》。借物抒情的散文，最后落在和父亲的情感交流上。真是美文。《花园》最初发表在1945年6月出版的第二卷第三期《文聚》上（选编者把《文聚》误写成《文艺》了），最初发表时，后缀一个副标题"茱萸小集二"。这个副标题传递出至少两个信息，一是汪曾祺早就编成或准备写作一本《茱萸小集》；二是本篇是这本书或系列文章的第二篇。那么第一篇是什么呢？在1946年2月15日出版的《文艺复兴》第一卷第二期上找到了答案，在这期杂志上，汪曾祺发表的文章叫《小学校的钟声——茱萸小集之一》。先发表的称"之二"，后发表的称"之一"，这不难理解，很大的可能是作者觉得《花园》更适合《文聚》。还有一种可能是《小学校的钟声》投稿在先。但是《文艺复兴》创刊于1946年1月，主编是郑振铎和李健吾，汪曾祺不太可能先给《文艺复兴》投稿。但也不排除《文艺复兴》在创刊前的约稿中，有人向汪曾祺约稿或朋友推荐。《文艺复兴》是抗战胜利后的一本重要杂志，创刊号上有重量级作家郑振铎、郭绍虞、巴金、辛笛、茅盾、李健吾等人的作品，也有青年作家杨绛、钱钟书的作品。和汪曾祺同时发表在第一卷第二期《文艺复兴》上的连载小说《围城》，更是在多年以后，成为家喻户晓的名著。汪曾祺能在这种重量级的杂志上发表文章，可见他当时的写作能力已经达到相当高的水准了。但"茱萸小集"只发表了"之一"和"之二"，之三之四一直都没有见到。

众所周知，汪曾祺喜欢花花草草，这方面的文章几乎篇篇珠玑。其实早在年轻时，汪曾祺就流露出对这一题材的偏爱，在"茱萸小集"之前，就写过这方面的文章，还在和同学、朋友的通信中，多有描写花草的段落。段春娟在编后记里也写道：汪曾祺"在多篇文章中言及喜欢法布尔的《昆虫记》、吴其浚的《植物名实图考》《花镜》等书"。又说，他以植物名做书名的就有《草花集》《晚饭花集》《蒲草集》《菰蒲深处》。那么"茱萸小集"此后的境况如何呢？汪曾祺早在1944年夏天给好友朱奎元的长信中，就透露了一点信息："我想把我未完成的'茱萸集'在我不死，不离开，不消极以前写成，让沈二哥从文找地方印去。"可见这批文章，至少在1944年夏天之前就开始构思并写作了。后来，为生活奔波的汪曾祺，直到1987年，才在台湾联合文学出版社有限公司出版了短篇小说集《茱萸集》。但是此"茱萸集"和彼"茱萸集"所收内容怕是大相径庭了。

话题扯远了，还是来说说《人间草木》。书中的文章，如前所述，都被汪曾祺生前编入过其他集子，但如此集中一个类型并配上精美的图片，是不是独此一家我不敢说，至少在我是非常喜欢的。书中描写的花草树木，还有鸡鸭虫鱼，都是我们日常寻见甚至朝夕相处的植物或动物。读了这些文章，在享受美文的同时，也会让我们产生更多的联想，各种联想。比如有一篇《紫穗槐》，说"紫穗槐的枝叶皆可为饲料，牲口爱吃，上膘"。此说未必对。我小时生活的农村，湖里的沟渠河畔、田间地垄，紫穗槐到处都是，叶子味重，牛马都不吃，猪也不吃。夏天，生产队会组织劳动力，撸下紫穗槐叶子沤绿肥。倒是叶型和它相近的洋槐树叶，牲口爱吃，晒干了捶成碎末，可作饲料。又说"条可以编筐"。对的。编筐我是好手，我大儿子的窝篮就是我割来紫穗条编的。比如《地瓜》，会让我想起小时候将地瓜吃腻了的种种记忆，记得我最痛恨的就是地瓜的丰收——每家要分几百斤地瓜，地瓜鲜藏不易，要晒成地瓜干。大人们趁着月色，把地瓜拐成片片，我们一担一担挑到田里，晒在大太阳下。天阴了，要下雨了，又一片一片捡起来，挑回家。可还没有挑完，天又晴了……再也没有比这种重复的无效劳动让人辛苦和痛恨了。我还据此写一个短篇《丰收的地瓜，我的愤怒》。这本书中，还有一篇主角是猫、标题也叫《猫》的散文简直让人入迷。写猫的文章有很多，季羡林就有一篇，但讲来都没有汪曾祺这篇有意味，开篇就说"不喜欢猫"，接着笔锋一转，写了祖父的一只大黑猫，"老得懒得动，整天在屋里趴着"，而猫的"念经"的习性，"猫洗脸""猫盖屎"的俗语同样让他不快，特别是大伯父居然养了十几只猫，名贵的品种不少，"我觉得不论叫什么名堂的猫，都不好看"。真是这样吗？那么昆明的猫呢？汪曾祺是偏爱昆明的，也包括昆明这只"好看的小猫"：

　　这家姓陈，是广东人。我有个同乡，姓朱，在轮船上结识了她们，母亲和女儿，攀谈起来。我这同乡爱和漂亮女人来往。她的女儿上小学了。女儿很喜欢我，爱跟我玩。母亲有一次在金碧路遇见我们，邀我们上她家喝咖啡。我们去了。这位母亲已经过了三十岁了，人很漂亮，身材高高的，腿很长。她看人眼睛眯眯的，有一种恍恍惚惚的成熟的美。她斜靠在长沙发的靠枕上，神态有点慵懒。在她脚边不远的地方，有一个绣墩，绣墩上一个墨绿色软缎圆垫上卧着一只小白猫。这猫真小，连头带尾只有五寸，雪白的，白得像一团新雪。这猫也是懒懒的，不时睁开蓝眼睛顾盼一下，就又闭上了。屋里有一盆很大的素心兰，开得正好。好看的女人、小白猫、兰花的香味，这一切是一个梦境。

我每读这一段，就会有一种莫名的感动。美人美猫的情态太传神了，怎么不让人心生喜欢？眼睛眯眯的长腿少妇迷离恍惚的样子，懒懒的不时睁开蓝眼睛顾盼一下的小白猫。少妇是斜靠在长沙发的靠枕上的，小白猫是卧在"绣墩上一个墨绿色软缎圆垫上"的，这幅图景真是太美了。猫和主人一并都喜欢上了。作者以"这一切是一个梦境"一笔带过，但梦境不一定不是真实的。

这本书在编排上的独到之处，是我在前边提到的配图。如果按照该书副标题所说，"谈草木虫鱼散文41篇"，那么所收精美的宋、明、清三代国画多达67幅，也是值得炫耀一番的。但这么多配图，却和目前市面上流行的花里胡哨的"图文书"完全不一样，既可给文章增添情趣，也可以单独欣赏，因为这些图都出自名家之手，有的清新可爱，有的灵动有趣，有工笔，有水墨，有的兼工带写，透着历史的陈迹和画风的多样，比如有的画选自恽寿平的《花册图》，有的选自邹一桂的《花卉图》，有的选自虚谷的《杂画图册》，有的选自王维新的《花鸟图册》，有的选自金农的《人物山水图册》《花鸟蔬果图》，等等，可谓洋洋大观。如果把书名另改"明清两代花鸟虫鱼名画精选"什么的，再配上汪曾祺这些贴心贴肺的散文，署名：汪曾祺配文，也有可能是一部大卖的好书。这么想来倒是挺有趣。

　　这就是我读《人间草木》的一点感想。什么是好书？就是让你无论在什么时候，都会从书架上取出随便翻翻并能产生阅读乐趣的书，就是好书；什么是好书？能让人阅读后，生发出许多感想和情怀的书，就是好书。

　　　　　　　　　2007 年春草于新浦河南庄。
　　　　　　　　　2016 年秋改于北京荷边小筑。

汪曾祺与小小说

有人说小小说是新兴"文体"（现代汉语）。事实上，在没有"小小说"这个名称之前，这样的"文体"就已经存在了。如果仅从某些形式上讲（比如字数），并不新鲜。早在 20 世纪三四十年代就有。在西南联大读书期间的汪曾祺就写过"小小说"，比如处女作《钓》，就不足两千字。由于这篇小说既是"小小说"，又是处女作，更符合汪曾祺的"小小说观"，而这篇作品除收入在新近出版的《汪曾祺小说全编》（人民文学出版社 2016 年 4 月）外，别的文集没有收入，为了更多的读者了解这篇作品，照录如下：

晓春，静静的日午。

为怕携归无端的烦忧（梦乡的可怜的土产），不敢去寻访枕上的湖山。

一个黑点，划成一道弧线，投向纸窗，"嗡"，是一只失路的蜜蜂。也许正惓怀于一枝尚未萎落的残蕊，

匆忙的小小的身躯撞去；习于播散温存的触须已经损折
了，仍不肯终止这痴愚的试验，一次，两次……"可怜
虫亦可以休矣！"不耐烦替它计较了。

做些什么呢？

打开旧卷，一片虞美人的轻瓣静睡在书页上。旧日
的娇红已成了凝血的暗紫，边沿更镶了一圈恹恹的深黑。
不想打开锈锢的记忆的键，掘出葬了的断梦，遂又悄然
掩起。

烟卷一分分的短了，珍惜的吐出最后一圈，掷了残蒂，
一星红火，在灰烬里挣脱最后的呼吸。打开烟盒，已经
空了，不禁怅然。

提起瓷壶，斟了半天，还不见壶嘴吐出一滴，哦，
还是昨晚冲的，嚼着被开水蚀去绿色的竹心，犹余清芬；
想后园的竹子当抽了新篁，正好没鱼竿，钓鱼去吧，别
在寂寞里凝成了化石。

小时候，跟母亲纠缠了半天，以撒娇的一吻换来一
根绣花的小针，就灯火弯成钩子，到姐姐的匣内抽出一
根黑丝线；结系停当，捉几只青蝇；怀着不让人知道的
喜悦，去作一次试验。学着别人的样，耐心的守候着水
面"浮子"。（那也是请教许多先辈才晓用蒜茎做的最
好）。起竿时不是太急，惊走了；便是太慢，白丢了一
只蝇天（头）。经过了许多次的失望，终于钓得一尾鲢鱼，
看它在钩上闪着银光，掀动鲜红的腮，像发现了一件奇迹，
慌乱的连手带脚的捉住，用柳枝穿了，忘了祖父的斥骂，

一路叫着跳回去。

而今想来，分外亲切，不由得不跃跃欲试了。

昨晚一定下过牛毛雨，看绵软的土径上，清晰的画出一个个脚印，一个守着油灯的盼待，拉快了，这些脚步，脚掌的部分那么深，而脚跟的部分却如此轻浅，而且，两个脚印的距离很长，想见归家时的急切了。你可没有要紧事，可以不必追迹这些脚印，尽管慢点儿。

在往日，便是这样冷僻的小村，亦常有古旧的声昔（音）来造访的。如今，没有碎布烂铁换糖的唤卖；卖通草花的货郎的小鼓；走方郎中跟跄的串铃；即使（便）本村的瞎先生，也暂时收起算命小锣的铛铛，没有一个辛苦的命运来叩问了，正是农忙的时候呀！

转过一架铺着带绿的柳条的小桥，有一棵老树，我只能叫它老树，因为它的虬干曾做过我儿时的骏马，它照料着我长大的乡下替它起的名字，多是字典辞源上查不到的。顽皮的河水舔去覆土，露出隐秘的年青的一段，那羞涩的粉红的根须，真如一个蒲团，不妨坐下。

也得像个样儿理了钓丝，安上饵，轻轻的抛向水面。本不是为着鱼而来的，何必关心"浮子"的深浅。

河不宽，只消篙子一点，便可渡到彼岸了，但水这么蓝，蓝得有些神秘，这明白来往的船只为甚么不用篙子了吧！关于这河，乡下人还会告诉你一个神奇的故事，深恐你不相信，他们会急红了脸说：县里的志书上还载着。

也不知是姓什么的做皇帝的时候——除了村馆里的

先生，这村里的人都是只知道"民国"与"前清"的（，）顶多还晓得朱洪武是个放牛的野孩子，则"不知有汉，何论魏晋"何足为怪。这儿出了个画画的，一点不说谎，他画的玩意儿就跟真的一般，画个麻雀就会叫，画个乌龟就能爬，画个人，管少不了脸上一粒麻子。天下事都是这样，聪明人不会长寿的，他活不上三十岁，就让天老爷给收去了，临死的时候，跟他的新娶的媳妇说："我一不耕田，二不种地，死后留给你的只有绵绵的相思……"取张素绢，画了几笔，密密卷好，叫她到城里交给他的师傅，送到京城的相爷家去，说相爷的老太太做寿，寿宴上什么东西都有了，但是还缺少一样东西，心里很不快活，因此害了症候，若能如期送到，准可领到重赏，并且关照她千万不要拆开来看，他咽了最后的一口气，媳妇便上城去了。她心理想到底是个什么呢？耐不住拆开望望，一看是一片浓墨，当中有一块白的，以为丈夫骗了她，便坐在阳岸上哀哀的哭起来。一阵大风，把这卷儿吹到河里去了，我的天，原来是一轮月亮啊！从此这月亮便不分日夜的在深蓝的水里放着凄冷的银光。

你好意思追问现在为甚么没有了？看前面那块石碑，三个斑驳的朱字"晓月津"，一个多么诗意的名儿。

"山外青山楼外楼，
我郎住在家后头，
…………。"

夹着槐花的香气，飘来清亮的山歌，想起甚么浪漫的佳话了？看水面上泛起一个微笑。她们都有永不凋谢的天真，一条压倒同伴们的嗓子的骄傲，常常在疲乏的梦里安排下笑的花蕾的。

一片叶子，落到钓竿上来，一翻身，跌到水面上，被微风推出了视野。还是一样的碧绿，闪耀着青春的光辉。你说，便这样无声的殒折，不比抖索着枯黄的灵魂，对残酷的西风作无望的泣求强些？且不浪费这些推求，你看，这叶片绿得多么可人，若能以此为舟，游家泛宅，浪迹江湖，比庄子那个大葫芦如何？

远林漏出落照的红，像藏在卷发里的被吻后的樱唇，丝丝炊烟在招手唤我回去了。咦，怎么钓竿上竟栖歇了一只蜻蜓，好吧，我把这只绿竹插在土里承载你的年青的梦吧。

把余下的饭粒，抛在水底，空着手走了。预料在归途中当可捡着许多诚朴的欢笑，将珍重的贮起。

我钓得了甚么？难得回答，然而我的确不是一无所得啊。

二十九年四月十二日昆明

二十世纪四十年代，汪曾祺创作一千字左右的"小小说"还有《醒米》《驴》《职业》《年红灯》《斑鸠》等。当然，除了汪曾祺，更早的"小小说"或更早写"小小说"的作家还有（由于本文只谈汪曾祺，所以不去展开），因此说，"小小说"这一提法是"新兴"的较为准确。七十年代末、八十年代初，汪曾祺重新写小说时，"小小说"更成了他的"主打"，除了"小小说"界熟悉的《陈小手》《尾巴》，到 1997 年汪曾祺逝世时，他的"小小说"数量有五十多篇。而他标明写作日期的最后一篇小说《当代野人系列三篇》里的三篇小说，《三列马》《大尾巴猫》《去年属马》都是一千多字，划归为"小小说"毫无争议。如此说来，汪先生的小说处女作和"封笔"之作，都是这一文体了。

对于"小小说"，汪曾祺是怎么说的呢？他在《小小说是什么》一文中，开宗明议，"小小说原来就有。外国也有小小说"。毫不拖泥带水，一句说到了"根"上。接下来，汪曾祺才探索"小小说"是什么？他从这么几点入手，一是，小小说"不只是因为现在的生活节奏快，人们生活紧张，缺少闲裕的读书时间。如果是这样，那么长篇小说就没有人看了。更重要的原因恐怕是读者对文学形式的要求更多了。他们要求有新的品种、新的样式、新的口味。承认这一点，小小说才能真正在文学大宴中占到一个席位，小小说的作者才能有自己独特的追求"。第二点是，小小说并不是小的小说，小，"不只是它的外部特征。小小说仍然可以看作是短篇小说的一个分支，但它又是短篇小说的边缘。短篇小说的一般素质，小小说是应该具备的。小小说和短篇小说在本质上既相近，又有所区别。大体上说，短篇小说散文的成分更多一些，而小小说则应有更多的诗的成分。小小说是短篇小说和诗杂交出来的一个新的品种。它不能有叙事诗那样的恢宏，也不如抒情诗有那样强的音乐性。它可以说是用散文写得比叙事诗更为空灵、较抒情诗更具情节性的那么一种东西。它又不是散文诗，因为它毕竟还是小说。小小说是四不像。因此它才有意思，才好玩，才叫人喜欢"。这一点非常重要，也常常引起目下一些小小说"大师"的不屑，他们认为小小说一定要有故事，一定要写故事，有的甚至把故事也当成了小小说。很多小小说作者，在收集时，往往把在《故事会》一类的杂志上发表的故事，也当成小小说收入。而汪曾祺的小小说"诗"化，并没有引起足够的重视。三是，小小说"从里到外都是小的"，认为"小中见大"，不过是评论家"随便说说的"。"谁也没有真的从一滴水里看见过大海。大形势、大问题、大题材，都是小小说所不能容纳的。要求小小说有广阔厚重的历史感，概括一个时代，这等于强迫一头毛驴去拉一列火车。小小说作者所发现、所思索、所表现的只能是生活的一个小小的片段。这个片段是别人没有表现过、没有思索过、没有发现过的。最重要的是发现。发现，必然就伴随着思索，同时也就比较容易地自然地找到合适的表现形式。文学本来都是发现。但是小小说的作者需要更有'慧眼'，因为引起小小说作者注意的，往往是平常人易于忽略的小事。这件小事得是天生的一块小小说的材料。这样的材料并非俯拾皆是、随手一抓就能抓得到的。小小说材料的获得往往带有偶然性，邂逅相逢，不期而遇。并且，往往要储存一段时间，作者才能大致弄清楚这件小事的意义。写小小说确实需要一点'禅机'"。四是，"小小说不大可能有十分深刻的思想，也不宜于有很深刻的思想。小小说可以有一点哲理，但不能在里面进行严肃的哲学的思辨（中篇小说、长篇小说可以）。小小说的特点是思想清浅。半亩方塘，一湾溪水，浅而不露。小小说应当有一定程度的朦胧性。朦胧不是手法，而是作者的思想本来就不是十分清楚。有那么一点意思，但是并不透彻。'此中有真意，欲辩已忘言'。世界上没有一个人真正对世界了解得十分彻底而且全面，但只能了解他所感知的那一部分世界……所谓含蓄，并不是作者知道许多东西，故意不多说，他只是不说他还不怎么知道的东西。小小说的作者应该很诚恳地向读者表示：关于这件小事，它的意义，我到现在，还只能想到这个程度。一篇小小说发表了，创作过程并未结束。作者还可以继续想下去，读者也愿意和作者一起继续想下去。这样，读者才能既得到欣赏的快感，也能得到思考的快感。追求，就是还没有达到。追求是作者的事，也是读者的事。小小说不需要过多的热情，甚至不要热情。大喊大叫，指手画脚，是会叫读者厌烦的。小小说的作者对于他所发现的生活片段，最好超然一些，保持一个旁观者的态度，尽可能地不动声色。小小说总是有个态度的，但是要尽量收敛。可以对一个人表示欣赏，但不能夸成一朵花；可以对一件事加以讽刺，但不辛辣。小小说作者需要的是聪明、安静、亲切"。写小小说的人，真的很难做到这一点，许多人总害怕读者不懂，总想指导读者什么。我也做不到"含蓄"。五是，"小小说不是压缩饼干、脱水蔬菜。不能把一个短篇小说拧干了水分，紧压在一个小小的篇幅里，变成一篇小小说。——当然也没有人干这种划不来的傻事。小小说不能写得很干，很紧，很局促"。但很难有人做到这一点。市面上的许多小小说不是很干，就是很紧，要么就很故事。六是，"小小说是斗方、册页、扇面儿。斗方、册页、扇面的画法和中堂、长卷的画法是不一样的。布局、用笔、用墨、设色，都不大一样。《长江万里图》很难缩写在一个小横批里。宋人有在纨扇上画《龙舟竞渡图》《仙山楼阁图》的。用笔虽极工细，但是一定留出很大的空白，不能挤得满满的。空白，是小小说的特点。可以说，小小说是空白的艺术。中国画讲究'计白当黑'。包世臣论书，以为应使'字之上下左右皆有字'。因为注意'留白'，小小说的天地便很宽余了。所谓'留白'，简单直接地说，就是少写。小小说不是删削而成的。删得太狠的小说是可以看得出来的，往往不顺，不和谐，不'圆'。应该在写的时候就控制住自己的笔，每琢磨一句，都要想一想：这一句是不是可以不写？尽量少写，写下来的便都是必要的，一句是一句。那些没有写下来的仍然是存在的，存在于每一句的'上下左右'。这样才能做到句有余味，篇有余意"。汪曾祺又用作画来形容小小说，更加明白晓畅。最后，汪曾祺告诫说，"小小说最好不要有评书气、相声气，不要用一种半文不白的轻佻的文体。小小说当有幽默感，但不是游戏文章。小小说不宜用奇僻险怪的句子，如宋人所说的'恶硬语'。小小说的语言要朴素、平易，但有韵致"。小小说应该是"一串鲜樱桃，一枝带露的白兰花，本色天然，充盈完美"。

　　这就是汪曾祺所论的"小小说"。"小小说"作家们可以对照一下。我初读这篇文章时，不知道别人会怎么想，反正我是"出汗"了，真实地感觉到"小小说"上手容易，真正写好太难了。

　　汪曾祺不仅在"小小说"理论上有自己的观点，也多次谈到创作中遇到的状况。他在《思想·语言·结构》一文里，对他的一篇小小说"现身说法"："我写过一篇千字小说《虐猫》，写'文化大革命'把人的恶德全都暴露出来，人变得那么自私，那么残忍。孩子也受了影响。大人整天忙于斗争，你斗我，我斗你。孩子没有人管，他们就整天瞎玩，他们后来想出一种玩法，虐待猫，把猫的胡子剪了，在猫尾巴上挂一串鞭炮，点着了。他们想出一种奇怪的恶作剧。找四个西药瓶盖，翻过来，放进万能胶，把猫的四只脚粘在里头。猫一走，一滑，非常难受。最后想出一个简单的玩法，把猫从六楼上扔下来，摔死。这天他们又捉住一只大花猫，用绳子拴着拉回来。到了他们住的楼前，楼前围着一圈人：一个孩子的父亲从六楼上跳下来了，这几个孩子没有从六楼上把猫往下扔，他们把猫放了。"这篇小说最初发表在《北京晚报》1986年6月10日副刊上。事实上只有六百来字。这篇小说剪裁非常巧妙。如果按当时"伤痕文学"的套路来写，先写孩子们怎么"虐猫"，再写造反派怎么"虐人"，最后才是放猫，再反思人性的回归，可能会写成一个较长的短篇。只取"虐猫"这个小小的生活片断，就让读者读后有"虐心"感，沉重感。汪曾祺的好友林斤澜对这篇小说也赞赏有加："不满千字，写了两个世界的渗透。却全不着忙，只是闲闲道来，中间还来一段'品猫'的闲文——其实一点也不闲。这是说笔，若论味则清淡，回味却又'一把辛酸'。整个叫做'精致'可以吧？"（《一分钟小说一百篇》第二集序言）另外，林斤澜在1997年11月《北京文学》举行的一次研讨会上，也谈到了《虐猫》，说这篇小说汪曾祺思考了七八年，"我用八百字把它打发了"。由于本篇只谈汪曾祺与小小说的关系，关于他在小小方面取得的艺术成就和艺术特色，不是本篇分析的重点，就此打住。

倾读《汪曾祺小说全编》里的"小小说"，有很多篇严格地说，只算是"笔记"，比如《拟故事两篇》里的《仓老鼠和老鹰借粮》《螺蛳姑娘》，还比如"聊斋新义"的那些篇（其中许多篇可归类"小小说"）。有的标题直接就是以"笔记小说"命名，如《笔记小说两篇》，"两篇"的《瞎鸟》和《捡烂纸的老头》也是典型的"小小说"篇幅，《新笔记小说三篇》里的《明白官》和《牛飞》也是，等等。还有像《公冶长》《熟人》这样的小说，只有三四百字，而《梦》一篇，只是几句话的分行，算上标点才四十来字，说是"诗"倒是挺像。有趣的是，汪曾祺在发表这些小说的时候，或在谈论这些小说的时候，都没有说这些作品是"小小说"。比如在谈到"小小说"《职业》时，他说："我写过一篇小说很短，大概也就是两千字吧，改写过三次。"其实，第一稿《职业》只一千二三百字，他也说"小说"，而没有强调"小小说"。在 1983 年出版的《晚饭花集》自序里，汪曾祺称集子里收了许多"小短篇"，"这些小短篇的组合，有的有点外部的或内部的联系。比如《故里三陈》写的三个人都姓陈；《钓人的孩子》所写的都是与钱有关的小故事。有的则没有联系，不能构成'组曲'，如《小说三篇》，其实可以各自成篇。至于为什么总是三篇为一组，也没有什么道理，只是因为一篇太单，两篇还不足，三篇才够'一卖'。'事不过三'，三请诸葛亮，三戏白牡丹，都是三，一二三，才够意思。""太单""不足"，说到底都是太短，有的都是通行所说的"小小说"。把"小小说"称为"小短篇"，我推测，汪曾祺从内心里还是排斥"小小说"这种提法的。还是在这篇"序言"里，汪曾祺更是就"短小说"的艺术特色，做了解析："我写短小说，一是中国本有用极简的笔墨摹写人事的传统，《世说新语》是突出的代表。其后不绝如缕。我爱读宋人的笔记甚于唐人传奇。《梦溪笔谈》《容斋随笔》记人事部分我都很喜欢。归有光的《寒花葬志》、龚定盦的《记王隐君》，我觉得都可当小说看。第二是我过去就曾经写过一些记人事的短文。当时是当作散文诗来写的。这一集中的有些篇，如《钓人的孩子》《职业》《求雨》，就还有点散文诗的味道。散文诗和小说的分界处只有一道篱笆，并无墙壁（阿左林和废名的某些小说实际上是散文诗）。我一直以为短篇小说应该有一点散文诗的成分。把散文诗编入小说集，并非自我作古，我看到有些外国作家就这样办过。第三，这和作者的气质有关。倪云林一辈子只能画平远小景，他不能像范宽一样气势雄豪，也不能像王蒙一样烟云满纸。我也爱看金碧山水和工笔重彩人物，但我画不来。我的调色碟里没有颜色，只有墨，从渴墨焦墨到浅得像清水一样的淡墨。有一次以矮纸尺幅画初春野树，觉得需要一点绿，我就挤了一点菠菜汁在上面。我的小说也像我的画一样，逸笔草草，不求形似。又我的小说往往是应刊物的急索，短稿较易承命。书被催成墨未浓，殊难计其工拙。"汪曾祺就是这么洒脱，从"短小说"说起，再次说到了散文诗和画，说到"短"是因为"刊物的急索"，就是不提"小小说"如何如何。

更有趣的是，他还多次把"小小说"改长。也说这篇《职业》吧，最初发表在1947年6月28日《益世报》时，只有一千出头字，经过三四次修改（其实是重写），涨了近一倍出来，已经近三千字了，不能算"小小说"了。这篇《职业》的初版稿和修改稿我都读过不止一遍，真是越改越好。汪曾祺自己也满意，他在《思想·语言·结构》里小有得意地说：

刘心武拿到稿子，说："这样短的小说，为什么要用这样大的题目？"他看过之后，说："是该用这么大的题目。"《职业》是个很大的题目。职业是对人的限制，对人的框定，意味着人的选择自由的失去，无限可能性的失去。这篇小说写的是一个十一二岁的孩子，正是学龄儿童，如果上学，该是小学五六年级，但是他没有上学，他过早地从事了职业，卖两种淡而无味的食品：椒盐饼子、西洋糕。他挎一个腰圆形的木盒，一边走一边吆喝。他的吆唤是有腔有调的，谱出来是这样：

椒盐饼子　西洋糕

（这是我的小说里惟一带曲谱的。）

这条街（文林街）上有一些孩子，比卖椒盐饼子西洋糕略小一点，他们都在上学。他们听见卖椒盐饼子西洋糕的孩子吆唤，就跟在身后摹仿他，但是把词儿改了，改成：

捏着鼻子　吹洋号

卖椒盐饼子西洋糕的孩子并不生气，爱学就学去吧！

他走街串巷吆唤，一心一意做生意。他不是个孩子，是个小大人。

一天，他暂时离开了他的职业。他姥姥过生日，他跟老板请了半天假，到姥姥家去吃饭。他走进一条很深的巷子，两头看看没人，大声吆唤了一句："捏着鼻子吹洋号！"

这是对自己的揶揄调侃。这孩子是有幽默感的。他的幽默是很苦的。凡幽默，都带一点苦味。

写到这里，主题似乎已经完成了。

写第四稿时我把内容扩展了一下，写了文林街上几种叫卖的声音。有一个收买旧衣烂衫的女人，嗓子非常脆亮，吆唤"有——旧衣烂衫我来买！"一个贵州人卖一种叫化风丹的药："有人买贵州遵义板桥的化风丹？"每天傍晚，一个苍老的声音叫卖臭虫药、跳蚤药："壁虱药、虼蚤药。"苗族的女孩子卖杨梅、卖玉麦（即苞谷）粑粑。戴着小花帽，穿着板尖的绣花布鞋，声音娇娇的。"卖杨梅——""玉麦粑粑——"她们把山里的初秋带到了昆明的街头。

这些叫卖声成了卖椒盐饼子西洋糕的背景。

"椒盐饼子西洋糕！"

这样，内涵就更丰富，主题也深化了，从"失去童年的童年"延伸为："人世多苦辛。"

把小说拉长的，还有一篇《年红灯》，1947年6月28日初发表在《益世报》时，只有四五百字，一个多月后重新发表在《宁波日报》时，扩充三倍多。说明汪曾祺从来就不在乎小说的字数，需要写多少字就多少字，不勉强。他的感受是："语言是活的，滚动的。语言不是像盖房子似的，一块砖一块砖叠出来的。语言是树，是长出来的。树有树根、树干、树枝、树叶，但是是一个有机的整体。树的内部的汁液是流通的。一枝动，百枝摇。初学写字的人，是一个字一个字写出来的，书法家写字是一行行地写出来的。中国书法讲究'行气'。"（《思想·语言·结构》）

汪曾祺有些随笔，也是"小小说"，甚至比他的一些"小小说"更像小说。比如《耿庙神灯》《露筋晓月》《故乡的元宵》《水母》《胡同文化》《林肯的鼻子》等，有故事有情节有人物有对话，但发表时是作为散文或随笔发表的，也就归到了散文随笔里了。如果有人编汪曾祺的小小说集，把这些篇什收进去，也未尝不可。

2016 年 9 月 6 日初稿于北京草房荷边小筑。

从《七十书怀》说起

《七十书怀》是汪曾祺一篇散文。

"书怀"一词，现在很少用了。一般人都用"抒怀"，即抒发某种情怀。"书怀"的意义更为特别一些，虽也有"抒怀"之义，但更古雅，自有一种书香和文气。私自以为，一般都是大文人才敢为之。唐人杜牧有首七绝《书怀》："满目青山未得过，镜中无那鬓丝何。只言旋老转无事，欲到中年事更多。"宋人林景熙《京口岁夕书怀》也很著名："山风吹酒醒，秋入夜灯凉。万事已华发，百年多异乡。远城江气白，高树月痕苍。忽忆凭楼处，淮天雁叫霜。"印象最深的当然是苏东坡的《次韵陈海州书怀》了，苏大学士诗中说的是我家乡海州的事，诗云："郁郁苍梧海上山，蓬莱方丈有无间。旧闻草木皆仙药，欲弃妻孥守市阛。雅志未成空自叹，故人相对若为颜。酒醒却忆儿童事，长恨双凫去莫攀。"苏东坡这首"书怀"，在他的诗词中较为著名，是在和海州知州喝酒赏景后写下的，全诗表达了对海州的风物美景的神往，又借海山之景抒发了个人感想。

汪曾祺的《七十书怀》一文，其核心部分也是诗，简单说，就是对两首"自寿"诗的解读。第一首是他在六十岁生日那天作的诗：

> 冻云欲湿上元灯，漠漠春阴柳未青。
>
> 行过玉渊潭畔路，去年残叶太分明。

汪曾祺的生日特别好，是元宵节。这首自寿诗写于1980年，他经常书写赠送友人（仅我在各种书籍上看到的墨迹就有四种），最后一次书写应该是1996年，写成一张小横幅，落款是：《六十岁生日散步玉渊潭"即事"自题》，而此时他已经七十六岁了，距逝世只有一年多时间。在这篇《七十书怀》散文中，汪曾祺不承认这首诗是"自寿"，也没有"书怀"，只是"即事"而已。他说："六十岁生日那天一早，我按惯例到所居近处玉渊潭遛了个弯，所写是即目所见。"元宵节又称"上元灯节"，接着他又说他"小时候不做生日"，只是在生日那天做个"兔子灯"玩。"十几岁离乡，四处漂泊，过什么生日！后来在北京安家，孩子也大了，家里人对我的生日渐渐重视起来，到了那天总得表示一下。尤其是我的孙女和外孙女，她们对我的生日比别人更为热心，因为那天可以吃蛋糕"。但在六十岁生日那天，显然还不是他说的"家里人对我的生日渐渐重视起来"的时候，这首诗酝酿过程也极简单，"六十岁是个整寿，但我觉得无所谓。诗的后两句似乎有些感慨，因为这时'文化大革命'过去不久，容易触景生情，但究竟有什么感慨，也说不清。那天是阴天，好像要下雪，天气其实是很舒服的，诗的前两句隐隐约约有一点喜悦。总之，并不衰飒，更没有过一年少一年这样的颓唐的心情"。汪曾祺做文、做人都很诚实，六十岁生日这天虽然天气不佳，但他感觉"很舒服"，有"一点喜悦"，可能是和他此时的境遇有关。还是在两三年前吧，有关方面把他"挂"了起来，让他"说清楚""第二套班子"的事，汪曾祺心情郁闷。老朋友林斤澜、邓友梅等人都怂恿他写点文章。他哪有心情写啊。后来对他的"审查"不了了之，汪曾祺心情也渐渐好转，写了两篇长文《读民歌杂记》和《论〈四进士〉》。到了1979年下半后，更是写出了《骑兵列传》《黄油烙饼》《异秉》《受戒》等小说，他感觉不但能写，功力还在，关键是受到了朋友和文学界的肯定，才有"一点喜悦"之情的。其实最后一句"去年残叶太分明"，也是在说心情，"去年"即1979年，也或指1979年之前的年份，也或是"去"年之意。汪曾祺说"说不清楚""有什么感慨"，其实很清楚的，六十岁了，终于可以做自己喜欢的事了，或是终于可以重新开始了，当然"并不衰飒"了，"更没有过一年少一年这样的颓唐的心情"了。汪曾祺写诗无数，《汪曾祺全集》里专门编有一本，但对这首诗却特别偏爱。汪明就曾说过："多年后，心情好的时候，还会挥动毛笔，很得意地抄上一遍。写完了，把毛笔随意一丢，长长地嘘一口气，眯起双眼，自得其乐地欣赏墨汁未干的字迹。"（汪朗、汪明、汪朝《我们的老头汪曾祺》）

第二首是《七十书怀出律不改》：

悠悠七十犹耽酒，唯觉登山步履迟。

　　书画萧萧余宿墨，文章淡淡忆儿时。

　　也写书评也作序，不开风气不为师。

　　假我十年闲粥饭，未知留得几囊诗？

　　汪曾祺说这首诗"需要加一点注释"，在接下来的"注释"里，把自己的诗分解的很透彻，基本上是逐条加注，每一句都写上一大段。比如对《七十书怀出律不改》，他说："'出律'指诗的第五六两句失粘，并因此影响了最后两句，平仄也颠倒了。我写的律诗往往有这种情况，五六两句失粘。为什么不改？因为这是我要说的主要两句话，特别是第六句，所书之怀，也仅此耳。改了，原意即不妥帖。"在"注释"中，还不断引用自己的诗，比如在"注释""书画萧萧余宿墨"时，说："我写字画画，不暇研墨，只用墨汁。'宿墨'是纪实。今年（一九九零）一月十五日，画水仙金鱼，题了两句诗：宜入新春未是春，残笔宿墨隔年人。"在"注释""文章淡淡忆儿时"时，"有一个文学批评用语我始终不懂是什么意思，叫做'淡化'。淡化主题，淡化人物，淡化情节……'淡化'总是不好的"。"我是被有些人划入淡化一类了的。我所不懂的是：淡化，是本来是浓的，不淡的，或应该是不淡的、硬把它化得淡了。我的作品确实是比较淡的，但它本来就是那样，并没有经过一个'化'的过程"。其实老爷子未必是真不懂，他只是不愿意跟那些"专家"们较真罢了。这段注释的最后，他引用了题写在《三月三》杂志上丁聪为他画的漫画头像的诗："近事模糊远事真，双眸犹幸未全昏。衰年变法谈何易，唱罢莲花又一春。"这首诗，看是自嘲，其实是对批评者的"嘲弄"，"近事模糊"——

你说你的；"未全昏"——别当我是傻瓜；"唱罢莲花又一春"——老子我行我素，这就是我的调子，爱咋咋。汪曾祺骨子里是狂的。

把自己的两首"自寿"诗，洋洋洒洒做几千字的"注释"成为另外一篇文章，这在当代作家中很少见到。汪曾祺不但做到了，而且文章一如既往的好，他那段关于"淡化"的高论，还被一些人感觉不爽，有朋友甚至写文章为汪曾祺"辩解"，都成为一时的谈资。

由这篇《七十书怀》，我还想到汪曾祺写给自己的几首和生日或年龄相关的诗，另外还有他在书画上涉及年龄的款识，也别有意义。

1983年除夕夜，汪曾祺作《一九八三年除夕子时戏作》：

> 六十三年辞我去，随风飘逝入苍霏。
> 此夜欣逢双甲子，何曾惆怅一丁儿。
> 秋花不似春花落，黄鸟时兼白鸟飞。
> 敢与诸君争席地，从今泻酒戒深怀。

1984年元旦，汪曾祺作了一幅墨菊，画上也题了这首诗，只是第二句改为"飘然消逝入苍微"。

六十七岁那一年的生日，他书写一张行草条幅，落款是"六十七岁生日 曾祺自寿"。诗云：

> 尚有三年方七十，看花犹喜眼双明。
> 劳生且读闲居赋，少小曾谙陋室铭。

悠、七十猶耽酒唯覺登山步履遲書

畫蕭、餘宿墨文章淡、憶兒時也寫

書評也作序不開風氣不為師假我

十年閒粥飯未知嚼得幾囊詩

汪曾祺七十書懷出律不改　葛麗萍

汪曾祺《七十书怀出律不改》
葛丽萍书

弄笔偶成书四卷，浪游数得路千程。

至今仍作儿时梦，自在飞腾遍体轻。

也是在这一年，他又写一首《元宵》，也算是一首"生日"诗：

一事胜人堪自笑，年年生日上元灯。

春回地暖融新雪，老去文思忆旧情。

欲动人心无小补，不图海外博虚名。

清时独坐饶滋味，幽草河边渐渐生。

这首诗发表于1987年2月8日《光明日报》上。诗的最后两句，道出了汪曾祺的思想境界，"幽草河边"，"清时独坐"，多么淡泊的情怀。汪曾祺在1989年有一篇散文《无事此静坐》，文中说："大概有十多年了，我养成了静坐的习惯。我家有一对旧沙发，有几十年了。我每天早上泡一杯茶，点一支烟，坐在沙发里，坐一个多小时，虽是悠然独坐，然而浮想联翩，一些故人往事、一些声音、一些颜色、一些语言、一些细事，会逐渐在我的眼前清晰起来，生动起来。这样连续坐几个早晨，想得成熟了，就能落笔写出一点东西。我的一些小说散文，常得之于清晨静坐之中。"1993年，他在《独坐小品》一书自序中再一次重复了相同的意思，还干脆把那几年间所写的散文结集为《独坐小品》。我曾在汪曾祺书房参观过，见过那"一对旧沙发"，还在旧沙发上坐了会，想象汪曾祺静坐时的样子，还请汪朗给我拍了几张照片。

在《汪曾祺全集》第八卷中，有一首《致范用（一）》：

七十一岁弹指耳，苍苍来径已模糊。

深居未厌新感觉，老学闲抄旧读书。

百镒难求罪己诏，一钱不值升官图。

元宵节也休空过，尚有风鸡酒一壶。

1992年1月15日，是千年不遇的"岁交春"，即大年初一立春，汪曾祺得诗一首。这首诗也几次书写，山东画报出版社出版的《汪曾祺文与画》里，收有他一幅墨迹，书写的《岁交春》有这样的题款："旧作岁交春 1996年冬 汪曾祺书。"诗云：

不觉七旬过二矣，何期幸遇岁交春。

鸡豚早办须兼味，生菜偏宜簇五辛。

薄禄何如饼在手，浮名得似酒盈樽，

寻常一饱增惭愧，待看沿河柳色新。

汪曾祺在七十四时，写一首《题丁聪画我》：

我年七十四，已是日平西。

何为尚碌碌，不妨且徐徐。

酒边泼墨画，茶后打油诗。

偶亦写序跋，为人作嫁衣。

生涯只如此，不叹食无鱼。

亦有蹙眉处，问君何所思？

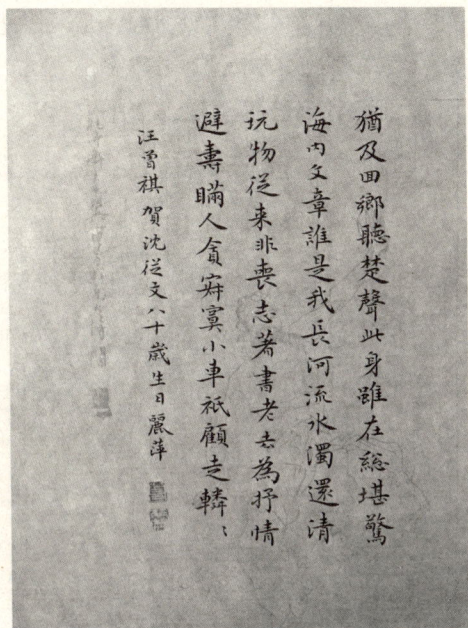

汪曾祺《贺沈从文八十岁生日》
葛丽萍书

　　诗中有"酒边泼墨画，茶后打油诗"句。"泼墨"是中国画的一种用墨方法和作画技巧。汪曾祺不仅喜欢在"酒后"画画写字，有时还一边喝酒一边画，画几笔，看看，端详一会，抿一口酒，再画。不过多年的喝酒，也给他身体造成了一定的伤害，晚年体检时，查出了食道血脉曲张，医生嘱咐不能喝酒。不能喝酒的汪曾祺精神一下子坍了下来。记得有一次听赵本夫聊天，说起汪曾祺，赵本夫有些感慨，说，有一次和汪曾祺一起参加中国作协的一个会议，甫见汪老，大吃一惊，一两年不见，汪老突然苍老了许多。再说起去他家品尝他做的美食，汪老说，买不到适合的食材。等于是婉拒了。当赵本夫听说老先生酒也喝不动时，心中顿时沉重，有种不祥的预感。这次会议不到一年，汪老就病重住院了。酒和书画，是汪曾祺一生的喜好。酒后书画，不仅在家里，就是在外地参加笔会，也成为他一个"保留节目"，当地组织者更是乐于见到汪曾祺酒后挥毫，他乐，别人更乐，真正是做到了"人间送小温"。"茶后打油诗"也是切中"要害"。但他的诗并非"打油"。"打油诗"的鼻祖是唐代的张打油，他有一首著名的咏雪诗："江山一笼统，井上黑窟窿。黄狗身上白，白狗身上肿。"这首诗的样式，被人称作"打油诗"。"打油诗"也是很有难度的。在某些意义上，比正统诗更难，主要写法是要用一些俚语、俗语入诗，在平仄对仗上不讲究，要通俗，有幽默感并具有嘲讽性等艺术形式。"打油诗"后来变了调，被人拿来作为"自谦"的一种形式。但也不是人人都可"自谦"的。香港著名作家董桥，就曾挖苦大陆一些不入流的诗人自费印几本诗集，在社交场合送人，并"自谦"说自己的"作品"是"打油诗"。董桥不客气地说："打油？你也配？"像汪曾祺这样的"自谦"，才配得上。

汪曾祺在字画上题款，也会落上自己的年龄，这当然不算"生日诗"了，但至少他在作画写字时，是想到自己的年岁的。这里只选我看到的。如有一幅"水仙图"上，题款是"一九八三年十二月，高邮汪曾祺，时年六十三岁，手不战，气不喘"，落款是"揭谛揭谛波罗僧揭谛，菩提萨婆诃"。在一幅"牡丹图"上，有落款云："提前三日过六十八岁。"在一幅画上，还有这样的题款："一九九六年冬，画似李复堂。汪曾祺 七十六岁。"通常所谓书法家创作，都会写别人的成句或自己的诗联，汪曾祺有时

会"乱写"一通，有一幅书法作品，他写的是这样的内容："朱
文公云：山谷诗云'对客挥毫秦少游'。盖少游只一笔写去，重
意重字皆不问。然好处亦自是绝好。蔡正孙《诗林广记后集》。"
汪曾祺郑重地题款："一九八六年十二月十七日，初雪黄昏酒后
曾祺书。"又另行书"吾年六十六，书字解规矩，少逞意作姿态，
当得少存韵致，不至枯拙如老径生否耶？"

汪曾祺写了不少"自寿"诗或于生日有关的诗，他也为老师
和朋友做过"贺寿"诗。他的老师沈从文在八十岁生日时，就做
了一首，诗曰：

犹及回乡听楚声，此身虽在总堪惊。

海内文章谁是我？长河流水浊还清。

玩物从来非丧志，著书老去为抒情。

避寿瞒人贪寂寞，小车只顾走辚辚。

汪曾祺在《星斗其文，赤子其人》一文中，提到过这首诗："沈
先生八十岁生日，我曾写了一首诗送他。"文中只引了诗的第一、
二两句和第五、六两句。直到1998年12月18日，弘征在《解放日报》
上发表《我与汪曾祺的诗缘》，才完整地发表这首诗。文中透露，
汪曾祺在致弘征的信中抄了这首诗，并说："今年十二月是沈先
生八十岁，但他不将生日告人，我去问，则云已给过了。春天我
写了一首律诗，补为之寿，抄给您看看。"据此推断，该诗应写
于1982年12月。

获诺贝尔物理学奖的李政道是汪曾祺在西南联大的校友。

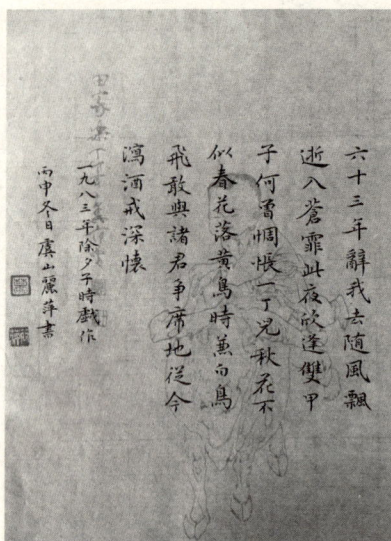

汪曾祺《一九八三年除夕子时戏作》
葛丽萍书

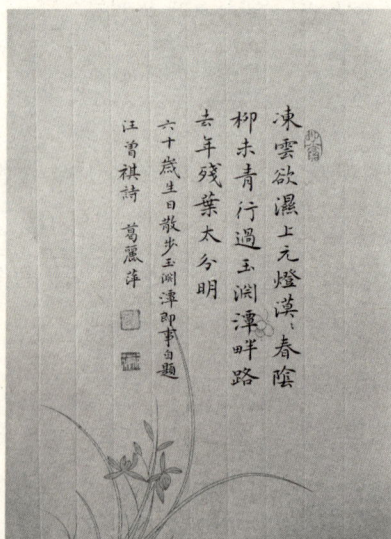

汪曾祺诗
葛丽萍书

1986 年 10 月，在李政道六十岁时，汪曾祺写了首贺寿诗："三十年前三十岁，回头定不负滇池。学成牛爱陈新意，梦绕巴黔忆故枝。先墓犹存香雪海，儿孙解读宋唐诗。即今宇内承平日，正待先生借箸时。"这首诗的落款有"西南联大校友会贺，汪曾祺缀句并书"字样。这首诗之外，汪曾祺还特地作一幅"春兰秋菊"图贺李政道六十岁寿辰，画上题的是《离骚》句："春兰兮秋菊，长无绝兮终古。"落款为"西南联大校友会汪曾祺作画"。1988 年 8 月 12 日，汪曾祺在文艺报发表《退役老兵不"退役"》一文中，有一首"寿马少波"的诗："红花岁岁炫颜色，青史滔滔唱海桑。信是明妍天下甲，西厢双至咏西厢。"马少波和汪曾祺曾是京剧界的同行，马比汪大两岁，曾任中国京剧院副院长，北京戏曲研究所所长，北京剧协副主席，著有《东行两月》《从征拾零》等书，另有京剧剧本《木兰从军》《闯王进京》《关羽之死》等，和汪曾祺过从较密。此外，汪曾祺还为美国当代诗人安格尔做一首生日诗，收在《美国家书·九》里："安寓堪安寓（他家的门上钉了一块铜牌，刻字两行，上面一行是 Engle，下面是中文的"安寓"），秋来万树红。此间何人住？天地一诗翁。此翁真健者，鹤发面如童。才思犹俊逸，步态不龙钟。心闲如静水，无事亦匆匆。弯腰拾山果，投食食浣熊，大笑时拍案，小饮自从容，何物同君寿？南山顶上松。"安格尔是谁呢？他就是聂华苓的丈夫。他是爱荷华国际写作计划的创始人之一，爱荷华大学院创作坊的倡导者。1987 年 10 月，汪曾祺应安格尔、聂华苓夫妇的邀请，在美国参加"国际写作计划活动"，时间达三个月。在美期间，安格尔、聂华苓夫妇给汪曾祺留下了很好的印象，汪曾祺在《美国家书》等文章中多次提到他们。1991年初安格尔因病去世，汪曾祺充满感情地写了一篇长文《遥寄爱荷华——怀念聂华苓和保罗·安格尔》，寄托他对安格尔的哀思。

因为《七十书怀》，联想到汪曾祺的多首"自寿"诗和关于自己生日的书画题款，又连带地想到他为师友做的"寿诗"。这些"寿"诗，有的以书法形式出现，有的夹在自己的文章中，有的在题画上，还有在书信中，是汪曾祺文学作品中一种重要的样式。

2016年9月20日晚完稿于北戴河中国作协创作之家。

有趣的"书画题识"

    汪曾祺一生中创作了大量的书画作品。从现有材料看，他对书画的迷恋，不亚于对文学的迷恋。他曾在多篇文章中表达过这个意思，散文《写字》还专门就自己如何迷恋书法并在书艺上如何追求，洋洋洒洒说了很多，"写字总是从临帖开始。我比较认真的临过一个时期的帖，是在十多岁的时候，大概是小学五年级、六年级和初中一年级的暑假"。又说："一个暑假，我从祖父读《论语》，每天上午写大、小字各一张，大字写《圭峰碑》，小字写《闲邪公家传》，都是祖父给我选定的。祖父认为我写字用功，奖给了我一块猪肝紫的端砚和十几本旧拓的字帖：我印象最深的是一本褚河南的《圣教序》。这些字帖是一个败落的世家夏家卖出来的。夏家藏帖很多，我的祖父几乎全部买了下来。一个暑假，从一个姓韦的先生学桐城派古文、写字。韦先生是写魏碑的，他让我临的却是《多宝塔》。一个暑假读《古文观止》、唐诗，写《张猛龙》。这是我父亲的主意。他认为得写写魏碑，才能掌握好字的骨力和间架。我写《张猛龙》，用的是一种稻草做的纸——不是解大便用的草纸，很大，有半张报纸那样大，质地较草纸紧密，但是表面相当粗。这种纸市面上看不到卖，不知道父亲是从什么地方买来的。用这种粗纸写魏碑是很合适的，运笔需格外用力。其实不管写什么体的字，都不宜用过于平滑的纸。古人写字多用麻纸，是不平滑的。像澄心堂纸那样细腻的，是不多见的。这三部帖，给我的字打了底子，尤其是《张猛龙》。到现在，从我的字里还可以看出它的影响，结体和用笔。"

　　那么画画呢？汪曾祺是跟他父亲学的。在《自报家门》里，说到他父亲有一间画室："每逢春秋佳日，天气晴和，他就打开画室作画。我非常喜欢站在旁边看他画：对着宣纸端详半天，先用笔杆的一头或大拇指指甲在纸上划几道，决定布局，然后画花头、枝干，布叶，勾筋。画成了，再看看，收拾一遍，题字，盖章，用摁钉钉在板壁上，再反复看看。他年轻时曾画过工笔的菊花。能辨别、表现很多菊花品种。因为他是阴历九月生的，在中国，习惯把九月叫做菊月，所以对菊花特别有感情。后来就放笔作写意花卉了。他的画，照我看是很有功力的。"

　　汪曾祺生活在这样的旧式大家庭里，耳闻目睹的都是中国的传统文化，从小骨子里就受到了熏陶。不仅写字是童子功，画画能长期观摩，还跟祖父、老师学古文、背唐诗，加上他肯用心，旧学底子本来就十分了得，又得益于后来的新式小学、中学、大学教育，特别是在大学里又遇到沈从文这样的创作型开明的老师，为他日后打通古代和现当代文学、中国和外国文学、传统文化和民间文化，成为"中国最后一个士大夫"，奠定了坚实而深厚的基础。虽然，在《七十书怀》里，汪曾祺说："我的写字画画本是遣兴自娱而已，偶尔送一两件给熟朋友。后来求字求画者渐多。大概求索者以为这是作家的字画，不同于书家画家之作，悬之室中，别有情趣耳，其实，都是不足观的。我写字画画，不暇研墨，只用墨汁。写完画完，也不洗砚盘色碟，连笔也不涮。"

话虽这么谦虚，事实上，大家还是认可他的书画的。而他自己迷恋书画创作，不一定非要等到有谁求字求画才肯动笔，只要不是写作，一有空闲（哪怕外出参加文学笔会），就会展纸研墨写画几笔。写完了，画完了，也不收拾，任其扔在一边，或读书，或买菜，或做饭，或写作，全然眼中无它了。子女定期给他收拾房间，常常卷成一卷，往橱顶上一放。有朋友索字索画时，也会拿下来，任客人选一幅。

除非索字索画者有特殊要求，一般情况下，他会随意在字画上题几句款识，有时是正经的古诗，有时是自己的诗，更多时候是因时因事胡乱涂鸦几句。这些"涂鸦"，有的像散文，完整地记叙某件事，回忆故乡，回忆旧事；有的发几句感慨，往往是真性情的流露，会让人会心一笑，也会让人陷入沉思。

收在《汪曾祺书画集》里有一幅"荷花图"，题款云：

一九八三年除夕子夜时戏作東奉某作家，录与德熙一看，知我老境尚不颓唐也。

六十三年辞我去，飘然消逝入苍微。

此夜欣逢双甲子，何曾惆怅一丁儿。

秋花不似春花落，黄鸟时兼白鸟飞。

敢与诸君争席地，从今泻酒戒深怀。

我已将近二年所作小说结为一集，名"晚饭花集"，
交人民文学出版社，今年上半年可出版。今年不拟多外出，
啃一块硬骨头，写出小说《汉武帝》。

曾祺敬问德熙、孔敬新春大吉！

这哪里是书画题款啊，简直就是一篇文章嘛。有诗有文，有
感想，有打算，还有书信中的问候的成分，说了自己的成绩和打算。
题款中所录的诗，此后汪曾祺书写过多次，或自存玩赏，或赠送
朋友，内容略有不同，比如"飘然消逝入苍微"，有时候写作"随
风飘逝入苍霏"。汪曾祺预告的《晚饭花集》也没有在一九八四
年上半年出版，直到一九八五年八月才在人民文学出版社出版发
行。晚饭花的学名是什么呢？不得而知，但各地叫法不一样，我
们那里离高邮不远，却叫"拐磨花"，不知道什么意思，有的地
方叫"夜来香"，有的地方叫"地雷花"，有的地方叫"懒老婆花"——
是不是说它像懒老婆一样不爱收拾自己呢？这倒和汪曾祺在《晚
饭花集·自序》里形容的差不多。"题款"里预告的小说《汉武帝》
计划是一部中篇（一说长篇），这块"硬骨头"最终也没有"啃"
下来。德熙即语言学家朱德熙，是汪曾祺在西南联大的同学。孔
敬是朱德熙夫人。

汪曾祺有一幅小品，画面特别简略，一枝荷花骨朵上，是一
只刚刚起飞的蜻蜓。右边的题款曰："一九八四年三月十日煮面
条等水开作此。"

汪曾祺喜欢逛菜市场，会吃，也会做，买菜当然要挑挑拣拣了。

但也不是每顿饭都要玩几个花样小菜的，偶尔也会"对付"一顿。煮面条最普通不过了。按照江苏的面食标准，特别是高邮、扬州一带的面食，可能会复杂一些，要有一锅好汤，大骨头，或老母鸡熬制的最为常见，还要有适口的"浇头"。但汪曾祺"等水开"的这碗面，可能没有那么复杂，只是一碗清水面，最多打个鸡蛋花。因为可以离开厨房而潜进书房，偷闲画幅小条屏，可见这碗面不用动脑子。把"煮面条等开水"作为款识入画，中外画史上可能也是独此一家。

1984 年 3 月 20 日，汪曾祺为西南联大同学巫宁坤作画，画面上是仙人掌、青头菌和牛肝菌，题跋云："昆明人家常于门头挂仙人掌一片以辟邪，仙人掌悬空倒挂，尚能存活开花。于此可见仙人掌生命之顽强，亦可见昆明雨季空气之湿润。雨季则有青头菌、牛肝菌，味极鲜美。宁坤属画，须有昆明特点，为作此图。一九八三年三月二十日，是日大风，不能出户，曾祺记。"

这幅画是应巫宁坤之约画的，他在三月二日给巫宁坤回复时，对于画什么表示了为难："画尚未画，因为想不起能表明有昆明特点的花果可画。昆明最多的是报春花，但这花细碎，难为布局。波斯菊也不好画，美人蕉则不成样子也。圆通公园樱花甚好，但画出来则成为日本的回忆了。且容思之。"

对于昆明的食材，汪曾祺在许多文章里写过。关于菌类，更有名篇《菌小谱》，有这样的句子："我在昆明住过七年，离开已四十年，不忘昆明的菌子。"相隔四十年，不可谓不长，而在昆明生活的七年，又是汪曾祺人生最美的七年，单纯，年轻，有朝气，爱幻想，在那里读完了大学，在那里开始了文学的起飞，在那里打拼过生活，在那里找到了人生的伴侣，美好的记忆无处不在，昆明的菌子又怎能忘怀呢？"雨季一到，诸菌皆出，空气里一片菌子气味。无论贫富，都能吃到菌子。"有一次，评论家王干先生去云南出差，在微信朋友圈发一幅图片，装在袋子里的食物，请朋友猜是什么，猜对了请客。我一看就是鸡枞。汪曾祺在《菌小谱》里，对鸡枞是这样描写的："鸡枞是菌中之王。味道如何？真难比方。可以说这是植物鸡。味正似当年的肥母鸡，但鸡肉粗而菌肉细腻，且鸡肉无此特殊的菌子香气。昆明甬道街有一家不大的云南馆子，制鸡枞极有名。"对于画中的青头菌、牛肝菌，汪曾祺描写也很细致："牛肝菌菌盖正面色如牛肝。其特点是背面无菌褶，是平的，只有无数小孔，因此菌肉很厚，可切成片，宜于炒食。入口滑细，极鲜。炒牛肝菌要加大量蒜薄片，否则吃了会头晕。菌香、蒜香扑鼻，直入脏腑，逗人食欲。牛肝菌价极廉，青头菌稍贵。青头菌菌盖正面微带苍绿色，菌褶雪白，烩或炒，宜放盐，用酱油颜色就不好看了。或以为青头菌格韵较高，但也有人偏嗜牛肝菌，以其滋味较为强烈浓厚。"

画菌的画家不少，齐白石就画过。把作画的来龙去脉写成文章作为题跋的不多。

1984年五一劳动节，汪曾祺画一幅"紫藤图"，题款曰："后园有紫藤一架，无人管理，任其恣意攀盘而极旺茂，花盛时仰卧架下使人醺然有醉意。一九八四年五一偶忆写之。今日作画已近十幅，此为强弩之末矣。曾祺记。"

这个题款也是别出心裁，相当于一篇短文，最后用"强弩之末"一词形容作画的感受也特别有意思，既是形容画的，也是形容自己心态的。前文已述，汪曾祺的许多书画题款都可看成是一篇精短文章。这篇"紫藤图"题款里所说的后园，是汪曾祺家高邮老宅的花园。这个园子，在汪曾祺的多篇文章里都能看见，在《晚饭花集·自序》里，就有一段："我家的荒废的后园的一个旧花台上长着一丛晚饭花。晚饭以后，我常常到废园里捉蜻蜓，一捉能捉几十只。选两只放在帐子里让它吃蚊子（我没见过蜻蜓吃蚊子，但我相信它是吃的），其余的装在一个大鸟笼里，第二天一早又把它们全放了。"在《花园》里，开篇就说："在任何情形之下，那座小花园是我们家最亮的地方。"汪曾祺家是高邮的大户，有几千亩田产，几百间房子，"祖父年轻时建造的几进，是灰青色与褐色的。我自小养育于这种安定与寂寞里"。"我的脸上若有从童年带来的红色，它的来源是那座花园"。花园里有许多花树，也有许多杂草，杂草有臭芝麻，"莫碰臭芝麻，沾惹一身，嗐，难闻死人。沾上身子，不要用手指去拈。用刷子刷。这种籽儿有带钩儿的毛，讨嫌死了。至今我不能忘记它：因为我急于要捉住那个'都溜'（一种蝉，叫的最好听），我举着我的网，蹑手蹑脚，抄近路过去，循它的声音找着时，拍，得了。可是回去，我一身都是那种臭玩意"。还有虎耳草，"虎耳草有一种腥味"，"螺螺藤"会"拉了手"。"紫苏的叶子上的红色呵，暑假快过去了"。园子里的树又怎么样呢？"那棵大垂柳上常常有天牛，有时一个、两个的时候更多。它们总像有一桩事情要做，六只脚不停的运动，有时停下来，那动着的便是两根有节的触须了"。园子里还有许多昆虫，有蟋蟀、蝉、蜻蜓、土蜂等，"蟋蟀已经变成大人玩意了。但是大人的兴趣在斗，而我们对于捉蟋蟀的兴趣恐怕要更大些。

我看过一本秋虫谱，上面除了苏东坡米南宫，还有许多济颠和尚说的话，都神乎其神的不大好懂。捉到一个蟋蟀，我不能看出它颈子上的细毛是瓦青还是朱砂，它的牙是米牙还是菜牙，但我仍然是那么欢喜"。"有的蝉不会叫，我们称之为哑巴。捉到哑巴比捉到'红娘'更坏。但哑巴也有一种玩法。用两个马齿苋的瓣子套起它的眼睛，那是刚刚合适的，仿佛马齿苋的瓣子天生就为了这种用处才长成那么个小口袋样子，一放手，哑巴就一直向上飞，决不偏斜转弯"。"蜻蜓一个个选定地方歇下，天就快晚了。有一种通身铁色的蜻蜓，翅膀较窄，称'鬼蜻蜓'。看它款款的飞在墙角花阴，不知甚么道理，心里有一种说不出来的难过"。"好些年看不到土蜂了。这种蠢头蠢脑的家伙，我觉得它也在花朵上把屁股撅来撅去的，有点不配，因此常常愚弄它。土蜂是在泥地上掘洞当作窠的。看它从洞里把个有绒毛的小脑袋钻出来（那神气像个东张西望的近视眼），嗡，飞出去了，我便用一点点湿泥把那个洞封好，在原来的旁边给它重掘一个，等着，一会儿，它拖着肚子回来了，找呀找，找到我掘的那个洞，钻进去，看看，不对，于是在四近大找一气。我会看着它那副急样笑个半天。或者，干脆看它进了洞，用一根树枝塞起来，看它从别处开了洞再出来。好容易，可重见天日了，它老先生于是坐在新大门旁边歇歇，吹吹风。神情中似乎是生了一点气，因为到这时已一声不响了"。从汪曾祺的文字中，读者能深切地感受到汪曾祺有个多么快乐、有趣的童年啊。汪曾祺的这篇《花园》写于1945年春天，结尾非常独特，非常耐人寻味，在写了夜里和父亲在花园里巧遇后，说道："四月二日。月光清极，夜气大凉。似乎该再写一段作为收尾，但又似无须了。便这样吧，日后再说。逝者如斯。"这段文字像是这篇散文的"跋语"。近四十年后，汪曾祺在家画画，"偶忆"童年的花园，心情必是不能平静，禁不住而挥笔"写之"。在读者看来，或许就是那篇著名散文《花园》的另一种收尾吧。

园里的这棵紫藤，在《我的家》里也有描写："金鱼缸的西北边有一架紫藤。盛花时，紫云拂地。花谢，垂下一根一根长长的刀豆。"

这幅"紫藤图"并没有消解汪曾祺对故园的思念和怀想，一个月后，又画一幅"金银花"。这幅"金银花图"动感十足，墨叶、藤蔓和金白二色的花随风舞动，十分漂亮，题款依旧让人感动："故园有金银花一株，自我记事，从不开花。小时不知此为何种植物。一年夏，忽闻繁花无数，令人惊骇，也不见其主何吉祥。此后每年开花，但花稀少耳。一九八四年六月偶忆往事，捉笔写此。高邮汪曾祺记于北京。"

汪曾祺家的"故园"，在《我的家》中有这样的描写："花园原来没有园名，祖父命之曰'民圃'，因他字铭甫，取其谐音。我父亲选了两块方砖，刻了'民圃'，两个小篆，嵌在一个六角小门的额上。但是我们还是叫它花园。"接下来，对花园作了详细的描写，角度就是从这六角小门进来，是一片砖墁的平地。"砖地的东面，是一个花台，种着四棵很大的腊梅花，主干都有碗口粗，每年开很多花……下雪之后，上树摘花，是我的事，腊梅的骨朵很密。相中一大枝，折下来，养在大胆瓶里，过年"。"腊梅花的对面，是两棵桂花树，一棵金桂，一棵银桂。每年春开，吐蕊开花"。"桂花树后，是南北向的花瓦墙，墙上开一圆门"。

"出圆门，是一畦菜地。我祖母每年在这里种乌青菜"。"菜畦左侧有一棵紫薇，一房多高，开花时乱红一片，晃人眼睛。游蜂无数——齐白石爱画的那种大个的黑蜂，穿花抢蕊，非常热闹。西侧，有一座六角亭，可以小坐"。"菜畦东边有一条砖路。砖路尽处是一棵木瓜，一棵矾杏，一棵柿树，都很少结果"。"树之外，是一座船亭。这是祖父六十大寿头年盖的。船头向东，两边墙上各开了海棠形的窗户。祖父盖船亭，只为是'无事此静坐'，但是他只来坐过几次，平常不来，经常锁着。隔着正面的玻璃隔扇，可以看到里面铁梨木琴几上摆着几件彝器，几把檀木椅子，萧萧爽爽"。汪曾祺写得够细了。但汪家的花园还没有写完，还有花坛，还有花坛对面的土山，站在土山上能看见墙外的尼庵。还写到了养鱼的大缸，大缸周围的那架紫藤、白丁香、紫丁香、金雀花、冬青树等等。汪曾祺在另一幅"岁朝图"中，画的就是一枝腊梅，题款曰："我家废园内有大腊梅花数株，每于雪后摘腊梅朵以花丝穿缀，配以天竹果一二颗，奉祖母插栽。"

这就是当年汪曾祺家的花园。童年和少年的汪曾祺，就生活在这样的环境中。多么美丽的花园啊，怎能不叫他常常"偶忆"呢。

在"金银花图"的题款最后的"偶忆往事"之句后，还特意突出"高邮"二字，说明他是真想家了。汪曾祺少年求学，在昆明、上海都待过，后在北京定居，四十多年没有回家乡高邮了。他在多种场合，都流露出回家乡看看的想法。最早触动他"相思"的是大姐汪巧纹八十年代初的那次来京，在陪多年不见的大姐游览时，常聊起儿时的记忆，紧接着便接连写出了《异秉》《受戒》《岁寒三友》《大淖记事》等和故乡密切相关的小说。1981年6月7日，在回弟弟汪海珊、妹妹汪丽纹的信上，再次流露出回故乡的意思，这次是应小学同学刘子平代高邮宣传文化部门的邀请而动此打算的。1981年8月26日又写信给刘子平，表示"我是很想回家乡看看的"。9月29日，汪曾祺写一首诗并书写成条幅，诗云："连花池外少行人，野店苔痕一寸深。浊酒一杯天过午，木香花湿雨沉沉。"书法和诗都是赠朱德熙的，题款曰："四十年前与德熙莲花池小店坐雨，一九八一年九月二十九日曾祺。国庆节后将应邀回故乡小住约一月，书此告知。"就要回故乡了，汪曾祺此时的心情之喜悦可想而知。1981年10月6日晚上，汪曾祺乘火车南下，在取道南京逗留几日后，于10月10日来到阔别四十二年的故乡高邮。这次回乡一个多月，见了许多老师、同学和亲友。回北京后，依然念念不忘，在致亲友的信中，多次表示要再回故乡。比如在给妹婿金家渝的信中，提到自己的创作设想时说："我倒很想到高邮住一个较长时期，几个出版社都约我写长篇。我想写长篇，还只有写高邮。"据母国政回忆，1983年年初，《十月》酝酿《长篇小说》创刊，编辑部分配他联系汪曾祺，结果是："汪曾祺打算写他的家乡旧事。他自谦说，不一定有多大意思，只是想让大家知道，还有这样一种形式的长篇小说。我立即想起萧红的《呼兰河传》，遂敦促他尽快动笔。他需要回一次老家，重温旧梦。"可惜的是，这个酝酿中的长篇小说，和《汉武帝》一样，也没有写成。但家乡的风俗往事，依旧一直萦绕在汪曾祺的心中。

回忆故家的花园，画了花园里的植物，自然会联想到其他故人往事了，这些一桩桩一幕幕的故人往事，同样也体现在他的画中，如《此松鼠乃驯养者》，画上是一只机灵的小松鼠，正炯炯地盯着你看，在他旁边，是几颗樱桃和白果，松鼠边上是一个插竹枝的花瓶，题款曰："我的小舅舅结婚时，他的小内弟带来一只松鼠，系以银链藏在袖筒里，有时爬出吃瓜子嗫豆腐脑，心甚羡慕。今忽忽近六十年矣，犹不能忘。一九八六年曾祺记。"还有一幅"松鼠图"，题款曰："六代豪华，春去也，更无消息。空怅望，山川形胜，已非畴昔。一九八六年五月漫题旧画。"也是怀旧的腔调啊。一幅"菊花图"的题款曰："晚色为扬州名菊，我父亲善画此种，须层层烘染极费工。我今所作乃一次染，略罩粉，略得其仿佛耳。丙子深秋曾祺记。"汪曾祺有一篇写父亲的散文，名字就叫《我的父亲》，写了他父亲的多才多艺，体育、音乐、书法、制印、画画、行医，无所不能，当然，还有一副好脾气。在写父亲画画一节里，汪曾祺写道：

> 摒挡丝竹以后，父亲大部分时间用于画画和刻图章，他画画并无真正的师承，只有几个画友。画友中过从较密的是铁桥，是一个和尚，善因寺的方丈。我写的小说《受戒》里的石桥，就是以他为原型的。铁桥曾在苏州邓尉山一个庙里住过，他作画有时下款题为"邓尉山僧"。我父亲第二次结婚，娶我的第一个继母，新房里就挂了铁桥的一个条幅，泥金纸，上角画了几枝桃花，两只燕子，款题"淡如仁兄嘉礼弟铁桥写贺"。在新房里挂一幅和尚的画，我的父亲可谓全无禁忌；这位和尚和俗人称兄道弟，也真是不拘礼法。我上小学的时候，就觉得他们有点"胡来"。这条幅的两边还配了我的一个舅舅

写的一幅虎皮宣的对子："蝶欲试花犹护粉，莺初学啭
尚羞簧。"我后来懂得对联的意思了，觉得实在很不像
话！铁桥能画，也能写。他的字写石鼓，画法任伯年。
根据我的印象，都是相当有功力的。我父亲和铁桥常来
往，画风却没有怎么受他的影响。也画过一阵工笔花卉。
我们那里的画家有一种理论，画画要从工笔入手，也许
是有道理的。扬州有一位专画菊花的画家，这位画家画
菊按朵论价，每朵大洋一元。父亲求他画了一套菊谱，
二尺见方的大册页。我有个姑太爷，也是画画的，说："像
他那样的玩法，我们玩不起！"兴化有一位画家徐子兼，
画猴子，也画工笔花卉。我父亲也请他画了一套册页。
有一开画的是罂粟花，薄瓣透明，十分绚丽。一开是月季，
题了两行字："春水蜜波为花写照。""春水""蜜波"
是月季的两个品种，我觉得这名字起得很美，一直不忘。
我见过父亲画工笔菊花，原来花头的颜色不是一次敷染，
要"加"几道。扬州有菊花名种"晓色"，父亲说这种
颜色最不好画。"晓色"，很空灵，不好捉摸。他画成了，
我一看，是晓色！他后来改了画写意，用笔略似吴昌硕，
照我看，我父亲的画是有功力的，但是"见"得少，没
有行万里路，多识大家真迹，受了限制。他又不会作诗，
题画多用前人陈句，故布局平稳，缺少创意。

瞧这一段写的，父亲对画画的态度多传神啊。
自古书画不分家，也是传统文人的必备手艺。我私底下以为，

汪曾祺并非是写作之余才操练书画（虽然他说过，书画只是遣兴自娱而已，那么作诗作文又何尝不是自娱呢），和写作一样，实在是因为喜欢，忽书，忽画，忽写，诗词也没有间断，各种文事从不停歇。有一幅画，画面是墨荷墨（金）鱼，大约几笔勾勒而成，题款非常有意思："江南可采莲，鱼戏莲叶间。鱼戏莲叶东，鱼戏莲叶西，鱼戏莲叶南，鱼戏莲叶北。宋徽宗瘦金书与蔡京书实为一体，凡作瘦金书须高捉笔，不可使毫铺纸上。一九八六年以长锋狼毫题。"看看，新得一枝长锋狼毫，试笔时也来这么一段，算是普及性小短文。这种瞬间的感觉，如果专门撰一篇微型文章，可能不会有如此效果，也显得单薄，在书画题款中写出来，既过了写文章的瘾，又过了画画的瘾，还过了书法之瘾，算上诗，可谓一箭多雕。"我于北京种兰皆不活，友人许君自昆明致兰二种，并授以艺兰之法，亦皆简便。贵州夏蕙竟于冬令著花，喜赏一月，图此为念。一九八六年十二月十日，曾祺志。"这又是一篇题在"兰花图"上的妙文，结构、叙事、人物相当完整。"吾乡阴城昔有双耳陶壶出土，乡人称之为韩瓶，谓此韩世忠士卒所用水壶，以浸梅花可以结子。曾祺八九年十月偶写。"这篇题款上的壶稍显笨拙，壶里的梅花在枯干老枝上开得正艳。像这幅画，在画匠们笔下，只会题《梅花图》干巴巴三字（当然不是不可），不会做成小文。汪曾祺题款，焕发出另外的格调，既告之出土的地点、出处和用处，又写明今人"浸梅花可以结子"的新用途。另有一幅"杨梅图"，题款曰："昆明杨梅色如炽炭，名火炭梅，味极甜浓。雨季常有苗族小姑娘叫卖，声音娇柔。"这更是一篇微篇美文，语感、节奏十分舒服，也像一首诗，不管你到没到过西南联大时期的昆明，读后都能感受并想像那时街市的风俗风情。在汪曾祺现存的画中，以荷花为主题的最多。有一幅"荷花图"却较为罕见——朱荷。在题款中写道："朱荷不多见，泉州开元寺有之。弘一法师曾住寺中念佛。"这幅画也是从记忆中来。有一隶书作品："苍山负雪，洱海流云。"跋语云："曾在大理书此联，字大径尺，酒后书颇霸悍。距今已有几年，不复记省。丙子冬。曾祺记。"这也和记忆有关。有一幅"松鼠戏菊图"，跋语云："桑植天子山中有野果曰舅舅粮，亦名救命粮。"还是和记忆有关。在一幅大写意"芍药图"上，汪曾祺题款云："张家口坝上有芍药山，整个山头都是野生芍药。一九九六年忆写印象。我在坝上是一九六零年，距今三十六年矣。汪曾祺。"在一幅小品上，汪曾祺题款云："林则徐充军伊犁，后赦归河南，督治河工，离伊犁时有诗句云：格登山色伊江水，回首依依勒马看。此画伊犁河所见。我到新疆在一九八二年，距今十四年矣。一九九六年曾祺记。"画上是一束芦苇，几棵水蓼，水蓼挂着红穗，应该是秋天了。十四年前的景象，记忆犹新，可见给汪曾祺留下多么深的印象了。汪曾祺欣赏他祖父"无事此静坐"的雅兴，他静坐时脑子里不闲着，翻云覆雨的大多是过往的文人雅趣，或落笔成文，或展纸成画。而他画上的"小文"，在中国画的题款中，可谓是一道独特的风景。

汪曾祺的许多花鸟画，在"专业"画家那里是不入画的，他们似乎只对梅兰竹菊、荷花、牡丹、松鹤一类有兴趣，实质还是气质和功力不到，或不敢画，或画了也呆拙、愚笨无情趣。汪曾祺是纯粹艺术流，放任，自由，走到哪画到哪，想到哪画到哪，而且笔下盎然有趣。一幅《蓼花无穗不垂头》，跋语云："昔在伊犁见伊犁河边长蓼花，甚喜，喜伊犁亦有蓼花，喜伊犁有水也。我到伊犁在一九八二年，距今十年矣。曾祺记。"蓼，即水蓼，别名很多，我们那里叫"农贡"。全国各地都有，但南方水边更是常见植物，甚至和农作物混生，成为害草。汪曾祺这幅写意水墨画《蓼花无穗不垂头》，布局巧妙，浓淡枯涩十分传神，最出彩处当然还是跋语了，一句"甚喜"，道出了当时的心情，也道出了为何十年后还记之画之的缘由。一幅"葫芦图"，三分之二画面密密地挂满了红黄二色的葫芦，有扑面而来之势。跋语云："电影学院一小院中种葫芦甚多，昨往开会，归来写此。"青藤也可以画的。汪曾祺在一幅倒挂下来的牵牵扯扯的"青藤图"上题款曰："青藤书屋尚在。屋矮小，青藤在屋外小院中，依墙盘曲，盖是后来补植。藤下有石砌小池即天池，水颇清。曾祺记。"绣球也可以画的。在一幅"绣球图"上题款曰："泰山人家喜种绣球，曾在南天门下茶馆见十余盆，以残茶浇之，花作残绿色。丙子秋，曾祺记。"

　　上述举例这几幅画和几则题款，都是旅途留下的记忆，汪曾祺仔细观察于心，慢慢揣摩，待心静时，一挥而就。不管何种植物，都可入画。但是，眼下的绘画江湖有些怪，像汪曾祺所画这些植物，在许多画匠眼里，都是不入画的。比如"凌霄不入画"，我是听一位画家亲口说的。当时我们因参加一个小型活动，步行穿插于老街古巷中，见许多人家的老屋粉墙上爬满凌霄，且花开正好。一户人家的院子里，也有几片绿叶紫花从墙里窜出来，配上蓝天、白云、粉墙、黛瓦，特有情致。我和画家同时驻足观赏，无不啧啧称赞。我对画家说，这画面真有情调，画一幅吧？他一笑，说，这种花花形不美，不可入画，也没见哪位名家画过。说完还加一句，我学画时，老师讲的。汪曾祺没有这样的禁锢，画过一幅凌霄，跋语云："凌霄不附树，独立自凌霄。丙子清明后二日。汪曾祺。"这是一张条幅，花比叶多，鲜嫩水灵争艳开放，十分好看。

还有一些书画款识，虽只有一句话，也别有意味，抄录几条：一幅"松鼠葡萄图"，题款云"曾在张家口沙子岭葡萄园劳动三年"；在一幅写意牡丹上题"提前三天过六十八岁"；在一幅八只雏鸡抢食吃的画上，题"人民代表大会"；在一幅花卉小品上题"闻大青山人云，山丹丹开花每历一年增加一朵"；在一幅'茶花图'上题款云："画茶花不师陈白阳，几无可法，奈何奈何。"

最后我想再说一点，汪曾祺的书画题识别有趣味，画画用色也是随心所欲，他在小说集《晚饭花集》自序里透露写作的气质时，拿画画做比喻："倪云林一辈子只能画平远小景，他不能像范宽一样气势雄豪，也不能像王蒙一样烟云满纸。我也爱看金碧山水和工笔重彩人物，但我画不来。"笔锋一转，说："我的调色碟里没有颜色，只有墨，从渴墨焦墨到浅得像清水一样的淡墨。有一次以矮纸尺幅画初春野树，觉得需要一点绿，我就挤了一点菠菜汁在上面。"用菠菜汁当颜料，还不算什么，有一次给邓友梅画白梅花，点的梅花白，竟然是牙膏。邓友梅在《再说汪曾祺》里就记录了此事："十几年前，我有天收到个大信封，一看地址是他寄来的。赶紧打开看。里边是一幅画，画的铁干梅花。树干树枝都是墨染，梅花是白色。是所谓'腊梅'。画中夹着个字条，上边说：'你结婚大喜我没送礼，送别的难免俗，乱涂一画权作为贺礼。画虽不好，用料却奇特。你猜猜这梅花是用什么颜料点的？

猜对了我请吃冰糖肘子……'我跟舞燕猜了两月硬没猜出来。有天开会见到曾祺。我说:'我们猜到今天也没猜出来。肘子不吃了。告诉我那梅花用的什么颜料吧!'他冲我龇牙一笑,说:'牙膏!'"

　　汪曾祺书画,和他文学作品一样,算得上是"一棵树的森林",有独特的韵致和格调,非一般画家能比,只是到目前为止还没有被重视。也许要不了多久,他的画也会让批评家们不惜笔墨的。而他书画上的一篇篇别样的题款,更是一篇篇妙文,不知即将要出的《汪曾祺全集》里,有没有把这些"题画文"收进集中。

　　2016 年 10 月 28 日上午初稿于北京五里桥草房荷边小筑,费时四日。

卷　四

《草房日记》里的汪氏父子

小 引

　　平时会随手记下一点东西。时间富余或有兴趣的事就多写点，时间紧或情绪不佳时就少写点，甚至一字不写。我潜京的居住地属于北京东部朝阳和通州之间较偏的草房一带。"草房"是个低调且草根的词，正适合我居住的小间，做书房名倒也贴切，便省事借用过来。顺理成章的，把这些文字称做"草房日记"了。

　　我是不折不扣的"汪粉"，数年来也偶尔写些关于汪曾祺的小文。潜京后，又有机会和汪曾祺公子汪朗有交谊，常常快意聚谈。近日，有机会编一本小书，既兴奋又惶恐。检点箧中文稿，不仅分量不足，数量也不够，便打起"日记"的主意，仿效他人旧例，把日记中和汪

氏父子相关的文字汇集成文，滥竽充数是也。2016 年秋
草房主人陈武识。

2016-7-8 上海——扬州

早上和胡长青、王路等一起叫一辆"滴滴"去虹桥高铁站。胡、
王去杭州办事，我则去扬州参加江苏省第六届书展，因为书展上
有关于"回望汪曾祺"丛书的相关活动。

高铁到镇江南站，拼车从瓜洲古渡过江，近午时，到达扬州
会议中心。入住后，广陵书社编辑丁晨晨便送来了"回望汪曾祺"
样书五种，分别是王干的《夜读汪曾祺》、金实秋点评的《汪曾
祺诗词选评》、刘涛选评的《汪曾祺论沈从文》、苏北编的《我
们的汪曾祺》和徐强的《人间送小温——汪曾祺年谱》。"人间
送小温"是汪曾祺诗里的一句，全诗是："我有一好处，平生不
整人。写作颇勤快，人间送小温。或时有佳兴，伸纸画芳春。草
花随日见，鱼鸟略似真。唯求俗可耐，宁计故为新。只可自怡悦，
不堪持赠君。君若亦欢喜，携归尽一樽。"徐强这部"汪谱"，
只是简编，还有"长编"八十余万字，我手头有他赠送的打印稿本。
可能为区别"长编"吧，徐强在是书出版过程中，反复和我强调，
一定要用"人间送小温"作为汪谱的书名。这一句确实好，如此
使用也很贴切。

王干、汪朗也和我脚前脚后到了——他们是乘飞机从北京来
的。

下午四点左右，在楼下大厅等徐强，居然错过了，打他电话时，
已经住进了宾馆。

晚上，广陵书社曾学文社长设宴饮酒，同席的有王干、徐强诸友以及广陵书社的相关编辑。汪朗因为要和亲戚会见没有参加。宴后到汪朗房间聊天，甚愉快。

2016-7-9 扬州，晴

晨，赖在床上一本一本翻看五种"回望汪曾祺"。昨天因忙于应酬，没有细看，发现小问题不少，每本都有，虽然无大碍，总之心里不爽，略有遗憾。比如《夜读汪曾祺》里的作者自序，是不用署名的。

早饭后，扬州电视台、高邮电视台和扬州的三四家报纸媒体采访王干和汪朗。王干在采访中把我拉过去，对媒体说我是这套书的策划，让我也谈谈。我逃跑了——不能冲淡主题。约十时半，采访结束，我们一起去书展赶另一场活动——"回望汪曾祺"首发式。这是广陵书社在这次书展上的重头戏。曾学文做了热情洋溢的致辞后，王干和徐强都做了简短发言，各自介绍他们作品的写作经过。汪朗代表汪家感谢出版社，感谢"汪粉"们的热情。接着是出版社向扬州图书馆、高邮图书馆等四家图书馆赠书，仪式极简，却很庄重。

首发式现场来了不少人，不大的会场挤了满满当当的"汪粉"。受邀的上海"汪粉"代表安谅也在现场。首发式最后一项程序是向广大"汪粉"赠送丛书之一的《夜读汪曾祺》，由作者王干现场签名。队伍一下子排了三四十米长队。在长蛇阵中，我看到朱自清孙子朱小涛，立即上前闲聊了几句。他知道我也研究朱自清，知道我写的那本关于朱自清的长篇随笔，关心地询问几句。因现

汪曾祺书房一角

场太闹，我们相约九月在扬州再聚时好好聊聊。

中午我和王干到扬州大学用餐——江苏省作协和《小说选刊》在那里办了一个江苏青年作家训练营改稿会，我去凑个热闹。

……

晚上回到宾馆，听到汪朗的房间有人说话声，敲门一看，是汪朗和徐强在闲聊。我也加入其中。因喝了不少酒，感觉我的话多了，不顾酒意已醺，提议再出去夜宵。于是我们打的找了一家小酒馆，点了四样冷菜，开一瓶我带去的天之蓝。这瓶酒还有来历，是六日晚上在上海用餐时，崔付建买的。昨天让我从上海带到了扬州，这会儿正好派上用场。我们边喝边聊，话题自然还是没有离开汪曾祺和这套书系，商量着这套书系往下做的可能。也谈到了朱自清。最后商定由汪朗提议的以地域来规划汪曾祺作品出版的形式和步骤，确定由我和徐强具体操办，争取在明年汪曾祺逝世二十周年时推向市场。喝到十二点时，还意犹未尽，最后被服务员"赶"走了。

2016-7-13 北京

早上，收到丁晨晨发来的关于王干接受扬州新闻媒体集体采访时的录音和她整理出来的文字稿，有四千多字。粗略看一下，王干讲得很好，他开篇就说："编辑《回望汪曾祺》丛书看似偶然，其实是经过多年的准备，我三十多年前就开始阅读汪曾祺，后来研究汪曾祺，写汪曾祺，也评汪曾祺，这次编汪曾祺是第一次。汪曾祺的著作量不是很大，但内涵丰富，涉及的面很广，可以从不同的角度和维度去进行编辑研读。"又解释了"偶然"编这套丛书的来由，是因为"广陵书社……希望出版一套有扬州特色又有全国影响的丛书，委托陈武找到我，而我之前就一直在做这方面的准备工作，所以在最短的时间内完成了丛书的编辑"。

汪曾祺书房一角

王干接下来系统阐述了汪曾祺对中国当代文坛的贡献，也对汪曾祺再一次做出了切合实际的评价。还引用老作家舒群讲过的话，大意是有些作家是作家影响作品，有些作家是作品影响作家。"其实是说，有些作家因生前比较重要的地位、权利、身份，所以作品也随之重要；而有些作家生前地位不高，也没有特别的话语权，但其作品影响着他的地位。我想，汪曾祺就属于'作品影响作家'的类型"。王干在访谈中，认为中国当代作家，汪曾祺最有可能"留下来"。我深以为然。

王干这篇访谈，可以在经他审读后，收入山东人民出版社即出的《汪曾祺评传》里，增加点分量。

2016-7-19 北京，雨

......

下午和崔付建乘地铁去车公庄大街六号院——这是北京市委党校——和汪朗相约在大院门口见面。连续下了几天的雨还在下，此时雨势渐小，零零星星的小毛敕子。路边小花坛和花坛里的绿草也湿淋淋的，有许多小蜗牛在草窠里爬行。高大的北京槐上落下的淡黄色槐花洒在人行道上，新鲜水灵。我在槐树下不停地向六号院张望。崔付建趁等候时买酒去了。

约四时半，汪朗从院子里出来，老远就跟我们笑。由于是老熟人，又事先约好，招呼过后，就去附近一家小酒馆喝酒。

汪朗点了一桌菜，还要了豆汁。豆汁是北京的特色小吃，从前吃过，像酸菜水或刷锅水，还是馊了的刷锅水。我端起喝一口，还是那味。汪朗表扬道，你能喝还不简单了。馆子里有关于豆汁的历史典故介绍，引《燕京小食品杂咏》里的句子："糟粕居然可作粥，老浆风味论稀稠。无分男女，齐来坐，适口酸咸各一瓯。"我觉得引文的断句有问题，"无分男女"和"齐来坐"之间不应该加逗号。典故继续介绍说："得味在酸咸之间，食者自知，可谓精妙绝伦。""食者自知"也是废话。北京人最能嘘，一口泔水而已，竟被捧成美味，难怪周作人在北京居住多年，还说北京的"吃食"（糕点）实在不值得一提。但，萝卜青菜各有所爱，也不能说人家北京人在吃上不讲究。不过，我吃过几次，没觉得这东西可口，也是实话。美食大家汪曾祺写过一篇《豆汁儿》，对这种食品倒是很待见，开篇就说："没喝过豆汁儿，不算到过北京。"接着，汪曾祺写他初吃豆汁的经过：一个"老同学请我吃了烤鸭、烤肉、涮羊肉，问我：'敢不敢吃豆汁儿？'我是个'有毛的不吃掸子，有腿的不吃板凳，大荤不吃死人，小荤不吃苍蝇'的，喝豆汁儿，有什么不'敢'？他带我去到一家小吃店，要了两碗，警告我说：'喝不了，就别喝。有很多人喝了一口就吐了。'我端起碗来，几口就喝光了。我那同学问：'怎么样？'我说：'再来一碗。'"这段文字生动有趣，描述了"没有不敢吃"的汪氏吃食风采。

十里不乡风，吃食大概也是十里不同味吧。

互敬了两轮白酒，汪朗拿过随身的布袋，取出两本《我们的老头汪曾祺》，分别签名送给我和崔付建。该书为香港时代国际有限公司出版于 2010 年 5 月，比中国青年出版社那版要早。书前有汪家的几幅照片。作者是汪曾祺的三个孩子：汪朝、汪明、汪朗。我正奇怪署名的次序时，扉页里夹的一张纸片滑落出来，一看，不禁哑然失笑，原来是出版方把次序弄反了。纸片上是更正：

> 敬启者：
> 由于出版公司的粗疏和不负责任，本书作者顺序有
> 误。应为：汪朗、汪明、汪朝。
> 特此更正，并致歉意。

这本书很厚，繁体字——封面上是汪曾祺难得的一幅正装照片，穿西装，白衬衫，红领带，表情严肃，目光向远。勒口上是一张生活小照，粉红色格子衬衫，微笑中有些调皮。有意思的是勒口上的介绍文字，出自汪朗之手：

> 寻常文人之一，普普通通一生。
> 读大学没有文凭，当右派只是"一般"。
> 小说散文写过几篇，自称"姥姥不疼舅舅不爱"，
> 偏还有人喜欢。
> 诗酒书画略知三四，居然成了"最后一个士大夫"。
> 六十岁后有点名气，在家人朋友中还是个"老头儿"。
> 一个好"老头儿"。

没来得及继续翻书，便接连碰杯喝酒。话题自然就说到今天的主题上来，即在"回望汪曾祺"系列五种图书算是小功告成后，接着再出九种，其中四种是把汪曾祺的作品分地域重新编排："高邮篇""昆明篇""张家口篇""北京篇"，并请"汪学"专家

汪曾祺书房一角

在每篇作品后注释和点评。汪朗是这一形式的最早提倡者——在两三年前我们就在不同的场合交流过，这次准备正式付之行动。气氛非常好。合同细节很快就在边喝边聊中敲定。最后说到老头儿的书持续热销时，汪朗说："今年是个大年。"

晚上回草房，即起草合同。

睡前读《我们的老头汪曾祺》。本只想翻翻即睡，没想到读了进去。先看汪朗写的那部分《岁月留痕》，此部分占全书的近三分之二，是重头部分，从汪曾祺出生，按编年的办法一路写下去，把"老头儿"的一生梳理一番，从中看出汪曾祺在子女们心目中的另一面，即"真面目"。汪朗的文笔很好，虽然一再说，自己不是"干这行的料"，但多年的记者生涯，加上受父亲多年的耳

汪曾祺书房一角

闻目染，文笔相当老辣，还不时透出一点机趣和幽默。几年前他送我的那本《刁嘴》，我也是一气翻完的。

2016-7-23阴，雨

……

午睡后，带上四种"回望汪曾祺"合同即去车公庄和汪朗见面。

在车公庄六号院门口大约等了七八分钟，汪朗骑车到了。说了声"久等了"之后，连看都没看，把文件垫在自行车坐垫上签了字。整个过程不到三分钟。因久有"预谋"，我提议到汪曾祺书房去看看。

"行。"汪朗说，挺爽快，但我看出来他有些措手不及，答应过后还是犹豫一下，才说："我回家拿钥匙。"

看着汪朗一身汗水，骑上自行车消失在大院里时，心里顿生歉意——事先没有关照人家，多出一个项目来，是不是有些不礼貌啊？但今天签了合同，大家心情都不错，去汪曾祺工作、生活过的旧宅凭吊一下老人家，是个绝好的机会。我只能在心中对汪朗说，抱歉啦！

约十来分钟，汪朗提着一只布袋出来了。我们相视一笑，步行几十米，就是地铁六号线的车公庄西站。此时虽不是高峰期，地铁里依然人挨人。我们站在拥挤的人堆里，从六号线转四号线再转七号线，到了虎坊桥。

出地铁口，看到马路对面一幢别别扭扭的旧大楼，汪朗告诉我，它就是中国书店，如今是文物保护单位。我们从湖广会馆门前经过，又拐进一条东西向的小巷。巷口的树荫里有几个理发摊，像是一个团队，每张理发椅上都有顾客在理发，理发师有老有少，有男有女，还有排队等候的顾客。从理发摊前经过，进入巷子，汪朗指着北侧一幢火柴盒似的大楼说，这就是当年的北京京剧团办公大楼。"文革"结束后，有人检举说老头儿是四人帮的"第二套"班子成员，就是在这里写的交代材料，前前后后写了十来万字。后来不了了之了，材料也没退。退休后，老头儿就没再来过单位，没想到转来转去转了十几年，到最后又转了回来。汪朗说这些话时，都是笑着的。

向北又拐个弯，进入一个左边是新式高楼、右边是破破烂烂的老平房的巷子。走不多远，在巷子的左侧有一个铁栅门，进去是一幢居民楼。汪曾祺生命最后一年多时间，就居住在这里读书、写作、写字、画画。汪朗走在前边，乘电梯上楼，引我到405门牌号前，开门进了屋。

屋里很凉爽，像刚开过空调一样。这让汪朗也奇怪，因为室外温度在三十二度以上，通常情况屋内也会闷热，莫非是老头儿知道我们要来？粗略看一眼。汪家的旧居虽然是三房一厅，房间都很小，特别是厅，差不多就是一间过道，放一张吃饭桌子，只够一人通过了。客厅的墙上，挂一张荷花图，出自汪曾祺的手笔。这幅画和我们平时看到的汪曾祺的画有些不一样。汪曾祺的画多以小品见长，简约几笔，很有情趣。这幅画，荷叶和荷花挤挤挨挨占满了画框，叶和花都很夸张，花不比叶少，色彩也较浓。起首录一首诗，我没记住，只记得落款日期是"丙子初春"。那应该是1996年初春了，是他刚搬来的那一年画的。

汪曾祺的书房是必定要参观的。书房不大，西墙和门边的南墙摆了书橱，北墙靠窗是一张大写字桌，东墙是两张单人沙发，正当间是一张九十年代流行的"老板椅"。

汪朗跟我介绍了书房的摆设——

写字桌是1996年春刚搬来时，作协送的，比原来的大些，方便老头儿写写画画。桌上摆着的各种文具，都是汪曾祺生前使用的，几个笔筒里插满了大大小小的毛笔，有一瓶墨水，几盒墨和颜料，一个带盖子的青花瓷调色盘，一个放大镜。这把放大镜，汪朗在《我们的老头汪曾祺》一书里，专门写到了，是"老头儿"花三块钱买的。桌子上还有两把毛刷，还有小瓶胶水和一卷胶带。这些东西，都是画画时的必需品。两只单人沙发——看式样和色泽，是有些年头了。果然，这是当年汪朗的外公去世时，分得的家产。

最引我注意的还是书橱。靠门边是一个实木书橱，清漆本色，书橱顶上有一幅施松卿的照片。书橱里是一幅汪曾祺和施松卿的合影。这张合影很著名，我在不少书里都见过，就是在海边沙滩上的那幅，二位老人盘腿而坐，汪曾祺手拿草帽，施松卿头戴草帽，远景是山海林带。二老都望向镜头。书橱里摆几件小摆件。再看沿西墙的一组书橱。这组书橱和写字桌一看就是配套家具，尺寸可能是量身定制，正好摆满一面墙，书橱材料是复合型的，颜色为栗色。主人藏书的主要部分都在这组书橱里了。看过《我们的老头汪曾祺》的读者想必都看过汪曾祺在 1997 年 5 月 11 日拍的那张照片了，因为在拍照的当日晚上，汪曾祺在家中消化道大出血，5 日后不治逝世。这幅照片是他留在世间的最后一幅影像，所以印象深刻。这幅照片的背景，就是这组书橱。隔了近二十年，对照一下书橱里的书籍和其他物件，除了稍作移动，基本上没有变化。比如那件带支架的漆盘，一对红木的手把件，一个铜器等，最著名、也最有说道的是那个香瓜大小的陶罐，汪朗乐呵呵地对我说：“这件东西沈从文先生过过眼，对老头儿说了三句话：元代的。民窑。不值钱。”沈从文在 1949 年后被剥夺写作的权力，发配在故宫博物院整理文物。沈先生文章好，搞文物也随遇而安毫不含糊，研究成果颇丰，对这件小东西，当然一眼就看出来了。其他的小摆件也挺有意思，有一个鸟巢，一只鸟栖在巢顶上，另一只鸟躲在巢内，巢外的鸟正勾着头和巢内的鸟说话，而巢内的鸟似乎爱理不理，眼神望向别处。这件作品神态逼真、传神，表达的意思可任意琢磨。有两把造型别致的紫砂壶，一大一小两个陶罐和几只青花瓷器，都造型别致，挺有看头。一个青龙图案的印泥盒，应该是他常用的。有一件料器，造型是雏雁或雏鸭，憨态可爱。汪朗告诉我，这种料器，家里有不少，都让他们兄妹几个小时候玩坏了。汪曾祺的书，不像我想象的那么多，也没有什么名贵版本，外国文学有几种，《战争与和平》《悲惨世界》《论文学》等，都很习见。不过那几种不同时期的《沈从文选集》《沈从文文集》《沈从文全集》等大书，还是挺有规模的。这也不奇怪，沈从文是他的老师，又是他喜欢的作家，当然要备全了。另外较显眼的是一套契诃夫的小说全集，每本都很薄，出版于上世界五六十年代，有二十多本。汪朗在《我们的老头汪曾祺》一书中说："这套契诃夫全集，爸爸以前常读，书皮都翻得有点卷边了。他认为契诃夫才是有现代意识的作家。至于莫泊桑、欧亨利这些人的短篇小说，他简直不能容忍，觉得太做作，太离奇，总在编造一些生活中不可能有的东西。"在仔细看书时，汪朗在我身边说："书橱下边两格有些变化，主要是我们会把这些年新出的老头儿的书塞进来。上边几排，我们没动，和老头儿在时一样。"但我在书橱里，没有看到汪朗描写过的那方砚台，"爸爸早年写的小说《复仇》，开篇引语就是庄子的话——复仇者不折镆干。虽有忮心，不怨飘瓦。而通篇的立意也在这里。这句话我们从小天天看，虽然意思并不懂。爸爸有一方砚台，砚台上面刻的就是这句话，而且是他的手迹。"这方砚应该十分珍贵。

在那对单人沙发上方的墙上，是一幅汪曾祺的照片。处理成黑白艺术，在一段时间里是汪曾祺喜欢的照片，经常在一些书籍和报刊上看到，白衬衫外套一件毛线开衫，头发花白，面向侧前方，表情深邃，双目炯炯有神，像一个正在思考的思想家。这张照片是有来头的，摄影者是一个美国人，曾经在《纽约时报》上占了整整一页。关于这幅照片，汪朗也有记载："我们家里有一幅高尔基的木刻像，是黄永玉的作品，他送给爸爸的。这个镶在框子里的高尔基跟了我们40年，爸爸当右派之前便有了。以后几次搬家，家里人总是习惯地找个地方把他挂起来。慢慢的，认识他的人越来越少，一些年轻作家来访，常问：'你们怎么挂了个斯大林像？'1996年爸爸从蒲黄榆搬到虎坊桥时，我们觉得这幅画像该换换了，可一时又想不起换什么合适。没想到爸爸嘟囔了一句：'该挂我的了。'说完，还有点不好意思。得，听他的，换。于是，'老头儿'的照片进了画框，占据了原先高尔基的位置。"从换照片这件事来看，可见汪曾祺内心里还是挺"狂"的。和这张严肃的照片相映成趣的是，书桌一端的地上放着的一个纸盒里，那张和孙女的合影。记得在什么书上看到过这幅照片的介绍，是在和孙女卉卉玩耍时，给他化妆打扮的照片，小卉卉的创意不错，给爷爷戴一顶白色的帽子，又用花围巾给他包上脸，让爷爷变成和她一般大的儿童。照片上，爷爷可爱地傻傻地微笑着，小卉卉则一脸正经。据汪明在回忆文章中说，汪曾祺是个有童心的父亲，生活中和子女们总能玩到一块，称三个孩子"大狗二狗三狗"。汪明、汪朝姐妹俩小时候经常会想着"打扮打扮谁"，母亲有"威严"，她们压根就不敢，于是便"打扮"老爸了。两个小家伙常常"七手八脚"地在他头上乱揪一通，不多一会儿便扎了满头红红绿绿的绸带，在女儿夸的"漂亮"声中，还乐呵呵地说："我们妞儿就是能干！"有时候碰巧有客人来了，弄得"老头儿"狼狈不堪。

　　汪曾祺生前一直没有使用电脑写作，他使用的稿纸也是有什么用什么。在书橱里，有他最后使用的人民文学出版社的稿纸，

挂在汪家客厅的"荷花图"

绿格，每页三百字。书橱的下边两格，是他逝世后，各家出版社出版的汪曾祺的著作。据一些资深"汪迷"统计，截止 2016 年 6 月，各种汪著多达一百余种，可能是新文学以来，除鲁迅、巴金等少数大师外，重复出版次数最多的作家。汪朗抽出一本《昆明的雨》给我，并说："这本书复本较多，送你一册。"我请汪朗在扉页上题字。汪朗也秉承老头儿的厚道和随和，写道：

> 陈武兄执意去老头儿书房溜达一番，就地找上一本老头作品以作纪念。

汪 朗

2016-7-23 于虎坊桥·老头儿书房。

这本《昆明的雨》我买过，但这一本尤其珍贵。该书由山东画报出版社出版于 2004 年 1 月。该书出版时，正临"读图"时代，图文书"横行"天下，山东画报出版社得益于自身优势，推出了一套"现当代名家游记散文摄影珍藏版丛书"，汪曾祺《昆明的雨》便是其中的一种。该书收录《初访福建》《琴湖心影》《杜甫草堂·三苏寺·升庵寺》《国子监》《昆明的雨》《泰山拾零》《菏泽游记》《天山行色》《皖南一到》《湘西二记》《初识楠溪江》《胡同文化》共12篇游记，占汪曾祺游记散文很大的比例。从这些散文中，大家不仅可以随着汪曾祺的散文欣赏各地的美丽风光，还可以看出他每一篇散文的不同的表现手法，《皖南一到》的标题也别有新趣。当年在读了这篇散文后，还效仿标题，写过一篇《虞山一到》呢。

参观了汪曾祺的书房，汪朗又领我到另外两个房间看看。房间里收拾很整洁，床都盖上了床罩。北房的墙上有两幅画，一幅是张大千的小品兰花，清秀脱俗，是汪曾祺年轻时在琉璃厂买的。另一幅是南京画家马德的画，汪曾祺觉得"有点意思"，也装框挂上了。南房还有一个书橱。有一件"古董"，造型奇特，像一个匣子，材质也很精致，虽然有些年头，仍不失当初的考究。汪朗让我猜猜是什么。我没猜出来。汪朗告诉我，这是手摇式缝纫机，是母亲当年的嫁妆。

不觉半个多小时了，要离开时，我坐在书房的沙发上，请汪朗给我照了张照片。

2016-7-30 张北——北京，阴，雾，雨

早上驱车去草原。天路草原（或草原天路）。名字挺悬，也让人联想。

离开宾馆时，已经从前台处稍作了解，所谓"天路"，不过

是草原深处一条蜿蜒起伏的路而已，虽心里略有失望，一想到草原天路和当年汪曾祺所在的马铃薯研究站所在地沽源不远，地形相近，同属坝上，便也乐意去体察一番，感受一下草原风光。

可能是雾霾太重，能见度极低，也可能是小雨时断时续，影响了心情，车开进草原天路时，并未觉得此处草原有多么好（也或许是见过呼伦贝尔大草原的缘故），山势的起伏，把草原都割裂了，前方的所谓"天路"上，是一辆辆急驶而去的车辆，路边新开的停车场停着各种车，车窗外的草原，临时建的景观台上有不少游人走动。看来虽然天公不作美，还是名声在外，吸引不少人来一睹风采。只是路边不时出现的庄稼有点煞风景。不过在天路草原转了一个多小时，回来时，看到一片土豆秧子正盛开着淡蓝色的花朵时，还是感觉了意外的惊喜。土豆的别号不少，有的地方叫山药蛋，有的地方叫马铃薯，我们家乡叫地蛋——长在地里的蛋，也还形象。当年汪曾祺下放的张家口农业科学研究所，就称它为马铃薯。许多人不知道马铃薯会开花，我们同行的小鑫、小秦问这是什么花，还说真好看。我告诉他们这是土豆秧子上开的花时，他们都表示惊讶，也连说好看。确实，成片的土豆花，给草原增添了些许风情和别样的美。

读过汪曾祺文章的人都知道，当年他下放在张家口农科所时，"摘帽"那年，无处可去，留在所里打杂，所里要画一套马铃薯图谱，他便正正经经画了一册《中国马铃薯图谱》。在《马铃薯》一文中，他还详细介绍了马铃薯花："一早起来，到马铃薯地里（露水很重，得穿了浅勒的胶靴），掐了一把花，几枝叶子，回到屋里，插在玻璃杯里，对着它画。马铃薯的花是很好画的。伞形花序，有一点像复瓣水仙，颜色是白的、浅紫的，紫花有的偏红，有的偏蓝，当中一个高庄小窝头似的黄心。叶子大都相似，奇数羽状复叶，只是有的圆一点，有的尖一点，颜色有的深一点，有的淡一点，如此而已。我画这玩意又没有定额，尽可慢慢地画。不过我画得还是很用心的，尽量画得像。我曾写过一首长诗，记述我的生活，代替书信，寄给一个老同学。原诗已经忘了，只记得两句：'坐对一丛花，眸子炯如虎。'画画不是我的本行，但是'工作需要'，我也算起了一点作用，倒是差堪自慰的。"我们在天路上隔着车窗看到大片马铃薯的花，属于偏蓝的一种，朵大，面积大，配上肥嫩、高壮的秧，还有些震撼的。

在这篇《马铃薯》中，汪曾祺还饶有兴趣的公布他的一个发现：

> 我对马铃薯的科研工作有过一点很小的贡献：马铃薯的花都是没有香味的。我发现有一种马铃薯，"麻土豆"的花，却是香的。我告诉研究站的研究人员，他们都很惊奇："是吗？——真的！我们搞了那么多年马铃薯，还没有发现。"

《在我们的老头汪曾祺》一书中，汪朗透露，在老头儿七十岁后，画过一幅马铃薯，外加一西葫芦，汪朗认为"实在看不出好来"。又回忆当年从张家口刚回北京时，"马铃薯花画得确实不错，当时家里有两个白茬的木头茶叶盒，有鞋盒的一半大小。爸爸闲来无事，在表面用钢笔画了不少画，其中便有马铃薯花，还真有点儿像水仙"。

我小时候种过土豆，是那种黄皮、小而圆且表面光滑的土豆，似乎没看过土豆开花，更不要说成片的花和某个品种的花有香味了。记得当年在读汪曾祺这篇文章时，还想了会，马铃薯开花？花香又是怎么个香味？这次张北草原天路之行，碰巧看到土豆开花（幸亏我还认得土豆秧），只可惜草原天路是单行道，无法停车下去闻闻。

2016-8-5 北京，晴，雾，霾

上午和崔付建聊"汪小馆"。我们都觉得租房子会有许多不便，合计后，还是买一套房子合适，这样，就能放心地在"汪小馆"里下些功夫，做好、做出品牌来。

晚上去南京大排档吃饭途中，忽然想起不久前读过的一篇文章，大意是不要捧杀汪曾祺。我看了有点不同的想法。汪曾祺不需要捧，更不会"捧杀"。汪曾祺已经过世多年，他身后的作品热，是读者自发的，是市场检验出来的。如今"汪迷"的群体不小，有爱书人，有读书人，有藏书家，有作家和艺术家，更有很多普通民众，没听说谁刻意捧过汪曾祺，无一例外的都是对他作品的喜爱。"爱屋及乌"是中国人的本性。因为喜爱汪曾祺的作品，进而喜欢他的画、书法，甚至对他的美食也感兴趣，这是读者自发的一种情感。这篇文章还说汪曾祺做不了大菜，不是大画家，还举汪曾祺文章里的自谦的话。我们都知道汪曾祺做不了山珍海味，他要真是个大厨师，就不会是大作家了。汪曾祺只能做些家常小炒，带有点高邮味的淮扬菜。没错，就是这些家常小炒，让品尝过的人吃出了不一样的味道来。记得当年台湾作家陈慎真到

北京，点名要吃汪曾祺的菜。汪曾祺做了煮干丝、冰糖肘子等保留节目外，还新设计一道烧小水萝卜。红烧大萝卜是南京的名菜，吃过的人都很难忘。汪曾祺可能受到这道菜的启发，买了新上市的小水萝卜，加入少量干贝、海米提鲜，味道特别鲜美。陈慎真吃了这道菜更加赞不绝口。汪曾祺做菜都是琢磨出来的，不分大菜小菜，好吃就行。就说简单的大煮干丝。"原来的大煮干丝只用鸡汤，最多放些笋丝、火腿丝，比较清淡。我们家的煮干丝则还要添加冬菇、干贝、海米、虾籽、鸡丝、肉丝等提味，煮的时间更长，还要略点一点酱油，因此更为醇厚。"（《我们的老头汪曾祺》）有人拿汪曾祺不会做大菜来怀疑他是"美食家"，就像有人说汪曾祺的小说不是"宏大叙事""没写过长篇巨制""汪曾祺的戏剧只适合读不适合演"等一样，没有多大意义。

2016-8-6 北京，晴，雾

收到《汪曾祺小说全编》三卷。人民文学出版社 2016 年 6 月出版。这是《汪曾祺全集》的先期成果。人民文学出版社急了，可能是看到全国这么多出版社纷纷出版汪氏著作，怕等全集出来时丢了市场，赶快抢占一块。应该说，这套书编辑真好，是目前市场上最权威的本子了。该书在出版说明中说："从 1940 年创作的第一篇小说《钓》开始，作者一生创作小说以最初发表的版本为底本，按创作时间（辅以发表时间）排序，悉数编入本书。每篇小说都有题注，标明原载报刊、收入集子以及笔名、内容改动等版本信息。"这么说，"全编"还有很高的学术价值。

2016-8-7 北京，晴

全天读《汪曾祺小说全编》。《钓》作为汪曾祺的第一篇小说，已经初步显出其才华。但和现在的"汪味"相差很远，这可能就是沈从文批评他的"两个聪明脑壳在打架"的产物也未可知。准备写一篇关于《钓》的读后感，结合他在西南联大时期写的小说一起谈，顺便考察一下汪曾祺创作风格的形成，大约会很有趣。

2016-8-16 北京——长春，晴，阴，大雨

早6时赶到6号线草房地铁站，赴长春参加"年谱与新文学研究经典化"学术论坛。该论坛是东北师范大学汪曾祺研究专家、青年学者徐强主持的。我被邀请，也是因为《人间送小温——汪曾祺年谱》受到大家认可的原因。另，"回望汪曾祺"还要续做9种，也要和徐强就这个话题深入探讨。

下午两时许，到达长春西站，徐强接站时，巧遇郭沫若研究专家蔡震先生和他的助手陈瑜女士。车上聊郭沫若，得知《郭沫若年谱》长达二百五十余万字，从"六五"期间就是国家重点学科项目。如此之多，真是个浩大的工程。约一小时，顺利入住东师会馆5512房间。四时许，徐强来房间闲聊，敲定了关于"回望汪曾祺"的四本书，由他来编，并在每本前写篇"绪论"或编辑说明。晚上吃日式料理，不适。饭后去感受长春夜色，有不少伪满洲国时的老建筑。不过夜色朦胧，看不真切。又到老城区原吉林省委招待所看看，此处已改为园林式市民活动场所，因天气不好，加上夜色已深，几乎无人。我们一行八人，到一啤酒摊喝啤酒。在座有《周作人年谱长编》的作者、南开大学教授张铁荣，西南

联大研究专家李光荣，苏州职业大学的石娟，她是东师大毕业生，还有沈从文研究专家李锡龙，他著有《沈从文的家国》《沈从文年谱》等专著。另外是东师大的孙琳、徐强等三人和我。张铁荣能喝啤酒，也数他能讲，讲周作人，讲民国文人，也讲喝酒。其余人都不善饮。时暴雨如注，气温骤降，我冷得够呛，让服务员拿来两件桌布披在身上。

　　回房间已近午夜，翻看这次论坛的"论文集"，在"通论篇"里，看到徐强的文章《还原"历史的汪曾祺——兼论'年谱长编的意义与方法'"》，"史料与阐释篇"里，有李建新的《宽容和较真儿——关于汪曾祺集的校订》一文，两文都涉及汪曾祺，是我感兴趣的。徐强的文章很长，表格也很多，简单翻读，感觉徐的工作细致、用心，学问很扎实。在谈到汪曾祺时，徐强说汪的作品总数逾五百万字，这个数字应该包括书信在内。称汪曾祺为"跨代作家"，"承接废名、沈从文的衣钵，起步于抒情小说相对低迷的40年代，特色初显：50—60年代前期徘徊、观望、积累，创作数量骤减，仅仅偶露峥嵘，就不意贡献了一批优秀的散文和堪称当代经典的代表作《羊舍的夜晚》"。又称汪曾祺在经历了"样板戏创作"的磨炼后，体尝了"一般作家未曾体尝的特殊生涯与复杂心态；进入新时期后'衰年变法'，创作力得到大激发，以先锋与传统大跨度糅合的独特面貌介入八九十年代文学，迎来个人艺术的最高收获"。徐强在论述了汪曾祺在当代中国文坛的相关影响后，由此断言："学术界、读书界、出版界对汪曾祺的持久而愈来愈深厚的兴趣充分表明，汪曾祺正在步入20世纪汉语文学经典作家行列。"这样的评价我深以为然。

让我深感敬佩的是，在许多表格中，汪曾祺的交游状况的表格特别有意义。徐强认为："特定交往对象的遇合反应着作家本人的趣味、心态，交往人特征及交往方式、关系变迁，对于作家的人格、创作、风格都有着过程性影响，有的甚至影响到重大人生遭际。"这份占了整整三个页码的表格，分"时段""关键行状""交游人"几个区段。"交游人"又分"师长""朋侪""晚辈"三个类别。举两个例子，一个例子是时段在 1946 年 7 月至 1948 年 3 月这段时间里，"关键行状"是"上海教书、写作"，"交游人"的三个类别分别是："师长"是"巴金、臧克家、李健吾、朱德熙之母、高宗靖、章靳以"，"朋侪"是"萧珊、唐湜、刘北汜、黄裳、黄永玉、中叔皇、陈敬容、唐祈、范泉、潘际坰"，"晚辈"是"张希至、林益耀、臧乐源、臧乐安、施行"。第二个例子是时段在 1978 年以后，"关键行状"是"进入创作高峰期"，"交游人"三个类别分别是："师长"是"沈从文、张兆和、骞先艾、萧乾、崔锡麟"，"朋侪"是"林斤澜、邓友梅、邵燕祥、巫林坤、朱德熙、李荣、陆文夫、叶至诚、高晓声、吴祖光、黄裳、聂华苓、陈映真"等三十多人，"晚辈"更是长长的一串，几乎包括当时有影响的作家和编辑家，如徐城北、王蒙、苏叔阳、李陀、孙郁、何立伟、铁凝、阿城、叶兆言、张抗抗、李辉、莫言、刘心武、赵本夫、王安忆、张守仁、林建法、张辛欣、贾平凹、余华、舒婷、王干、何镇邦、姚育明、叶延滨等多达五十余人。其实这个数字还可以增加。那么这些交往对汪曾祺产生什么样的影响呢？徐强又通过三个方面加以论述，一是汪曾祺广阔的交游；二是交游的形式，"与师长交，多缘于受教（如沈从文）、供事（或领导，如老舍）、仰慕（如巴金）、知遇（如杨振声）"。"与朋辈交，多缘于同窗友好（如与植物学家吴征镒的交往是因为昆曲）、同乡（如朱奎元）、激赏（如黄裳、青年黄永玉）、爱慕、结社（如刘北汜等）、共事（如邓友梅）、合作（如薛恩厚）、推心（如朱德熙）、难友（如杨香保）"；三是和重要交往对象之间的关系，文中也论述得当，有的还是初次透露，补汪曾祺为右派中起关键作用的人究竟是谁，徐强的考断为时任《民间文学》编辑的路工。

李建新的文章也很有价值，对汪曾祺文章中的一些用词进行辨析，读来很受启发。

2016-8-17 长春，阴，雨

夜里一场雨，早上气温凉爽。

八时半论坛开始……

晚上是桌餐，有酒。我和李建新同桌。席间，我们的话题始终没有离开汪曾祺，因为都是资深"汪粉"，每一句都投机。说到汪曾祺书信的整理工作时，他说了整理难度倒是不大，只是有些信，涉及目前还不宜公开的内容。晚宴临结束时，几位参与人民文学出版社《汪曾祺全集》的编委要合影，他们是李光荣、徐强、李建新、郭娟、周墨西共有五人。我也凑上去充数。

睡前闲翻带来的一本《美食人生》。这是湖南文艺出版社出版的汪曾祺的一本书，收文当然还是"旧文"了，这是"汪曾祺系列"中的一种。该书的风格有些"重口味"，封面是绿色的，占封面五分之四还强的腰封是黄的，很亮眼。更为亮眼的是书内的数十幅插图，出自李津之手。李津是何方画家不得而知，他的画风和封面可谓相得益彰，口味很重，画了人物，也画了瓜果蔬菜、鸡鸭鱼蟹，还有猪肉、火腿、香肠等肉类，色彩和造型走的都是夸张的路数，比如有一幅"用餐图"，满脸络腮胡子的男主人，扎两个翘上天的羊角辫，脖子上围一圈像荷花的艳丽的围脖，面前的餐桌上，放三盘菜，都是鱼，一盘油煎小杂鱼，另一盘是三条鱼，像是清蒸的，中间一盘红烧大头鱼，还有一壶酒一碗饭。有意思的是，酒壶上的图案也是主人的模样，也是一盘鱼一只酒盅。我们看习惯了山东画报出版社出版的那一套"汪丛书"，所配插图或是名家名作，或是旧式的线描，古色古香，淡雅清秀，和汪曾祺的文字都很匹配。但能有一部汪曾祺的著作集，配图的风格和文字大相径庭，倒也是一个大胆的创意。我不反对这样的创意。

2016-8-18 长春——北京

因事提前离会。晨五时即起床，收拾好行李，于六时离开宾馆。其实我的车票是早上九时，之所以提前这么早出发，怕赶上上班高峰期。长春高铁站很大，找一个喝茶的地方坐好，要了一壶绿茶，吃了早点，继续读汪曾祺的文集《美食人生》，文章是好文章，篇篇锦绣，字字珠玑，但这次读书重看插图，突然有些不舒服，感觉这些插图艳丽有余而朴素不足。呵呵，看来我有强迫症啊。这让我想起汪曾祺早年那本很薄的小说集《羊舍的夜晚》，那本书的封面设计和插图不得了，是大名鼎鼎的黄永玉先生的木刻板画，在薄薄的七十来页小书中，有五幅插图，每一幅都是精品，有夜色中静谧的乡村，有人物和马的相处，有四个小伙伴挨在一起的喜笑颜开，人物表情无不生动有趣。给汪曾祺新书搞插图这件事，黄永玉给黄裳的信中提过："林风眠先生的文章没时间写，对这位老人的作品评价可不是玩儿，随便写，就显得很不尊重了。估计十天至十五天我还要刻一批小东西，是急活，是大师汪曾祺文集的插画。出版社来了一位女同志，女编辑，黄胄的爱人，为这事受到批评，说她抓不紧，于是昨天来了两趟，非干不可。"该信写于 1962 年 11 月 14 日，那时候就称汪曾祺"大师"，是因为黄永玉太欣赏汪曾祺的文字了。李辉先生在《黄永玉与汪曾祺因文革而疏远》一文中说："一次，黄永玉与我谈到为汪曾祺这本书画插图和设计封面的过程：'反右'后，他被下放到张家口的农业研究所。在那里有好几年，差不多半个月一个月他就来封信，需要什么就要我帮忙买好寄去。他在那里还画画，画马铃薯，要我寄纸和颜料。他在那里还继续写小说。写了一篇《羊舍一夕》，出书时，要我帮忙设计封面和配插图。我刻了一组木刻，有一幅《王全喂马》，刻得很认真，很好。一排茅屋，月光往下照，马灯往上照，古元说我刻得像魔鬼一样。"汪曾祺的书有插图的不少，散文集、小说集都有。这些插图有的取自汪曾祺的书画作品，有的取自不同时期的中国名画，也有请画家根据文章内容所作的插图。小说集《晚饭花集》的插图就是由赵际滦所绘，走的是素描写意路线，线条流畅，人物传神，和小说内容十分搭调，颇有原汁原味的汪著神韵。而《美食人生》里的插画太俗了些。

　　茶喝淡了，也要上车了。

附录：汪曾祺背后站着文化
——答陈武问

王 干

陈武：王先生，你在《夜读汪曾祺》一书中，有这样一段话："我们一直呼唤大师，也一直感叹大师的缺席。但有时候我们常常容易忽略大师的存在，尤其是大师在我们身边的时候，我们会选择性地失明。有一个作家去世十八年了，他的名字反复被读者提起，他的作品被反复重版，年年在重版，甚至比他在世的时候，出版的量还要大。我们突然意识到一个大师就在我们身边，而我们却冷淡了他，雪藏了他。他就是汪曾祺。"这段话引起许多作家、批评家和读者的注意，私下里也引起一些议论。但是三十多年来，汪曾祺确实是一个"现象"级作家，特别是在出版业相对冷落的今天，他的作品还在不断地出版、再版、重印。这种现象很值得关注。你是如何看待这股出版热的？

王干：今年是汪曾祺出版大年，也引发了"汪曾祺热"。前几日，我与汪曾祺小女儿汪朝微信聊天，谈到今年汪曾祺著作的出版情况，她说，人民文学出版社出版了小说全编，现代出版社出版了散文集《人间草木》，河南文艺出版社出版了四本旧作，九州出版社出版了《饮食与文化》。上海三联出版社、山东画报社出版社、作家出版社等多家出版社都纷纷出版了汪曾祺的书，广陵书社、山东人民出版社在出"回望汪曾祺"系列。另外还有许多研究汪曾祺的专著，比如东北师大徐强历多年心血完成的《人间送小温——汪曾祺年谱》，孙郁的《革命时代的士大夫——汪曾祺闲录》，金实秋的《汪曾祺诗词选评》，刘涛选编并点评的《汪曾祺论沈从文》……据不完全统计，仅今年以来，全国各出版社出版的汪曾祺著作和研究专著，就有五十种以上，这证明了"汪学"风潮正扑面而来。

汪曾祺的作品总量并不庞大，不算上戏剧，创作总字数大概二百多万字。包括小说、散文在内，如果出书，也只有十多本。作为《汪曾祺全集》一部分的"小说全编"，只有三卷，还包括了新中国成立前的一卷。

汪曾祺出版热，其实是重复出版，这些新出的作品都不是新作，而是种种单篇不停地重新组合。重复出版说明了什么？说明广大的市场需求与读者需求。这些文集，许多是由图书公司策划运营，并没有国家层面的宣传或项目的介入，也并不属于"文化界内"的自我循环。我想，第一是市场需求在主导——对于汪曾祺的作品，读者还要读；第二就是中国图书发行分布不均匀，每个出版社都有自己的出版发行区域，有的区域覆盖了，而有的区域没有覆盖到。今年不是汪曾祺诞辰一百周年，也不是逝世二十周年，中央也没有专门开展号召文化界学习、品读汪曾祺的活动，只是民间的、自发的一个"汪曾祺热"。

陈武：在全国图书市场和几次订货会上，特别是在全国书展和一些区域性书展上，多家出版社都把汪曾祺的书摆在显著的位置上，有的还大张旗鼓地搞活动，记得今年第六届江苏书展在扬州举行，广陵书社还把汪曾祺的大公子汪朗请去，那天你也去了，最后签名售书环节，我看到排队购书的读者很多。就目前形势看，这个"汪曾祺热"还在"蔓延"，能不能请你谈谈这股热潮的原因。

王干：汪曾祺热形成的原因，我认为有这几个方面：

第一个方面，我认为是现在我们提倡的要写好中国故事，传达中国精神，要有中国叙事。我认为，汪曾祺是一个能讲好中国故事的作家，是讲好中国故事的佼佼者。而讲好中国故事的核心就是要讲老百姓的故事，老百姓，它不是一个简单的工农兵，也不是一个简单的工农兵或知识分子，老百姓是一个很复杂的群体，他们都有对美好生活的向往。汪曾祺捕捉到了，把他们写出来，写出他们的人性美，写出他们对生活的热爱，写出他们生活中的正能量。所以我觉得汪曾祺能讲好中国故事，确实有他的过人之处。

汪曾祺小说中的温暖和熨帖。汪曾祺的小说里面很少有愤恨或者是郁闷，很少有愤世嫉俗的情绪，这是一个好作家的文学情怀。对于小说中的人物，他不是满含愤怒或厌恶，而是饱含柔情，给予希望。

　　这就是"人间送小温"。当然，文学艺术在面对人生的时候，冷，热，温，都是可以自由选择的，冷固然不失力度，可温能不能送到却是作家的能力和影响力，至少，温暖了自己也是抵抗寒冷的一种办法。

　　第二个方面，汪曾祺契合了当下的文化需求、文化理想和文学理念，政府和老百姓都希望有这样一个作家。汪曾祺有一个很好的中国文学观念，他有一句话是"文学要有益于世道人心"。这是他整个文学创作的核心价值观，即对世道、对人心要有益。他不像其他作家那样，追求一种引导、引领。他的最低要求，是要有益世道人心，而不是弘扬什么，牵引某种潮流，不是要改变什么，他只是希望自己的作品对文化发展是有益的，而不能对文化发展是有害的。有益至少是正能量的，不等同于弘扬、鼓励或目的性极强的宣传。汪曾祺用比较低调的方式来写日常生活的美感，写普通人的真善美，写普通人的热爱生活，对生活始终充满信心的作品。

　　有益世道人心，对于现如今的文学发展本应当只是最低的要求，而在今天的文学市场上，汪曾祺这样的文学作品反而能契合当今读者的文化需求，有新鲜感是不正常的。反观今日文学市场，尤其是网络上的很多文学作品，我们不能说毁人毁道，但确实对世道人心没有积极的影响。许多都是写过于娱乐化的，过于写人性的恶，过于暴力，写生活的阴暗面，写不太健康、变态的情感、情绪。这种题材当然可以写，但问题在于你怎么写，你写这种作品的目的是什么，吐槽、猎奇、博人眼球或者只是为了感官刺激。我认为，对世道人心有害的作品是没有意义的。

　　而汪曾祺的作品不一样，他的小说里始终洋溢着一种热爱生活的基调。有一篇小说，我记得是写昆明的，主人公是一个挑粪桶的工人，虽然干的是一个挑粪的工作，他却在粪桶两边画上鲜花，招摇过市。汪曾祺捕捉到的这个生活细节，说明这个挑粪人是多么的热爱生活，多么的爱美。这和他干什么没有关系，因为美是无处不在的。汪曾祺能够捕捉到这个细节，说明他也是热爱生活的，所以汪曾祺世道人心最纯情的一面就是热爱生活，

　　第三个方面，汪曾祺的文学作品里面，讲的都是些普通人、小人物、三教九流，一些世相百态、芸芸众生，都是身边的故旧亲朋，环视一圈，都很眼熟。他写的人物都"上不了台面"，锡匠、竹匠、敲脚的、捏背的、卖菜的、驶船的、玩杂耍的等等。这些人，这些职业，汪曾祺都十分投入感情地去写，写他们的故事，写他们的生活情状和日常生活。他小说里面可以说没有一个"高大全"式的人物，也可以说没有一个英雄。比如那篇《岁寒三友》里，县城的小画家、小地主、小商人、小业主；《鉴赏家》里面写一个叫叶三的，叶三是个水果贩子，但是他能跟季匐民成为好朋友。季匐民是一个非常出名的画家，叶三能够和季匐民谈艺术，说季匐民画的葡萄架里面有风。说明普通人也是热爱艺术懂艺术的。汪曾祺就是写普通人的情操，写普通人的善良，当然也写普通人的悲悯。普通民众的生活，汪曾祺始终是关注的，充满热情的，具有悲悯情怀的，比如《陈小手》里的陈小手，是一个最普通的男性接生婆，最后被保安团长打死掉了，而且还惹得团长"很委屈"，陈小手的委屈又向谁诉说呢？汪曾祺写的最大的人物，就是老舍先生了，写了一个小说叫《八月骄阳》，老舍最后跳到太平湖里，

他写老舍先生彷徨、犹豫，到最后的绝望，也写得非常好。

陈武：我注意到你的一系列文章强调中国传统文人文化对汪曾祺的影响，也有人将汪曾祺称之为"最后一个士大夫"，汪曾祺热与此相关吗？

王干：汪曾祺背后站着的是文化，是绵延千年之久的中国优秀的文化传统。汪曾祺热某种程度上是一种文化的热，对传统文化的回望和缅怀。汪曾祺自己在小说和散文里就进行这种回望和缅怀，而我们今天读他的阅读，则是回望的回望，缅怀的缅怀。汪曾祺有一句话反复讲过，甚至当作口号来讲，就是回到现实主义，回到民族主义。为什么要用"回到"这个词呢，我现在仔细想想，他其实是有深刻含义的。因为有一段时间，连接中国古代和现代、国内和国外的文化纽带断裂了。

这些年来，中国文学受到大量的西方各种各样的文学流派和文学思潮的影响，后来又受拉丁美洲爆炸文学的影响，起到了积极的作用。但我们不能总是以翻译体的文学来作为我们文学的规范。三十多年来我们的很多所谓先锋派小说，或者很多的现代派小说，其实都是对西方小说的一种借鉴和模仿，这种借鉴和模仿的最可悲之处，在于这些作家也不懂英文，也不懂拉丁文，也不懂法文，他们对西方小说主要是借助于翻译家的文体来学习，学的都是翻译家文体，叫译体小说。很多年过去了，一些作家当时名声大噪，但是现在消失了，没人想得起来，出版社也很少再出版他们的作品。有些人位置很高，文学史评价也很高，但是读者都不喜欢，市场不买账，说明他的作品，跟我们中国人的审美阅读习惯和阅读文化是有隔阂的。

汪曾祺的主要贡献，就是打通了中西方文学的一个桥梁，他小说的价值观、审美观，不管是描写什么时代，比如描写旧时代的一些小说，都是按照现代文明的审美意识来写的。汪曾祺小说对贞节观是不赞成的，《大淖记事》里面，刘号长和巧云睡了以后，巧云没有寻死觅活，而是坚强地活下去。传统中国小说里的贞节观一般都很重，而汪曾祺用一个现代人的观点来体现这些。小说本身叙事是用中国叙事的方法，而贞节观却不是用旧的封建主义的。

文化的根是语言。汪曾祺反复强调语言的重要性，再好的小说故事都是通过语言来表达的，而语言，按照汪曾祺的话说，语言不仅是形式，更是内涵。汪曾祺的小说、散文，确实做到了这一点，把语言成为作者作品的一个有机的内涵。语言不仅仅只是一个工具，语言本身是很有内涵的。所以汪曾祺把中华文化的造型美、声韵美通过他的作品充分展示了出来。他刻意融合小说、散文、诗歌文体之间的界限，从而营造一个让读者更加赏心悦目的语言世界。语言在他手里像魔术师的道具一样，千姿百态，浑然天成。汪曾祺小说中体现出了诗化、风俗化、散文化、意境化的抒情精神。他的作品激活了传统文学在今天的生命力，唤起人们对汉语文字的美感。

陈武：你是著名评论家，研究对象既有现代作家，也有当代作家，还有汪曾祺这样打通现代和当代的作家，又在《小说选刊》工作，对中国当代文学特别是当代小说的脉络有一个清晰的认识和把握。以汪曾祺为例，你是如何看待当代作家的创作思潮和现代作家之间的联系的，目前还有这样的联系吗？

王干：汪曾祺是从那一个旧时代过来的人，然后又跟当代文学紧密地结合起来。所以说，把现、当代文学打通的第一人应该是汪曾祺。只有汪曾祺，把现代文学的优点跟当代文学的优点叠加起来了。回过头再来看看其他作家，老舍写得很好，但是新中国成立以后除了《茶馆》，没有其他特别好的作品。曹禺写得好的是《雷雨》，也是新中国成立前的作品。郭沫若、茅盾更不值一提。还有巴金，新中国成立以后除了散文随笔，小说几乎没有成绩。这些现代文学大师到了当代以后基本都没有发展，没有创造，没有写出超过他们自己的作品，也没有写出跟我们当代这个时代相吻合的作品。

其实，我们当代作家对生活很了解，也很有创造力。但是他们缺少现代文学的底蕴。另外他们还缺少现代文学人的那种文人的淡定、从容，那种现代文人的超凡脱俗。当代作家很难做到这一点。现代文人比如戴望舒、废名，包括当时的左翼作家们，他们自身就是超凡脱俗的。但我们当代的作家太绵软，太急功近利了。而汪曾祺把现代文学的精神传承了下去，所以他的小说跟生活的关系是若即若离的，跟时代的关系也是若即若离的。这一点当代作家很难做到，必须要有"五四"文学里面的传统体验才能做到。

当代作家出现两种情况，一种是和生活结合得太紧，一种是离得太远，比如寻根文学，当然也是一种，但太远了。汪曾祺保持了跟生活的联系和生活的享受，同时能够保持一种距离。这一点在汪曾祺小说里面反映的最多。

陈武：今天的汪曾祺热完全是读者自发的，是市场催发的，连汪家人都没有料到，一些汪曾祺研究家也没有料到。比如我前不久参加一个"年谱"学会议，与会学者有五六个都在研究汪曾祺，有的已经有专著出版，有的已经申报国家重大成果，重磅的《汪曾祺全集》和《汪曾祺年谱长编》也即将出版，种种迹象表明，"汪迷"队伍也在扩大。他们也觉得汪曾祺热来势太猛。这种现象确实值得深思。

王干：汪曾祺以前的作品是被遮蔽的，他和他的作品是犹抱琵琶半遮面。随着文学本身大浪淘沙的洗礼，汪曾祺的价值在显现，尤其作为文学教父的身份正慢慢地凸显。作家的平凡肉身，如世间所有生命，根本无法摆脱或缓解时间巨大的推力。好在有文学，文学说到底，不过是一门对抗时间的艺术。好的文学作品总是能够抵抗时间的落差，经久传世。因而虽然时间过去这么久，大家还是喜欢汪曾祺的作品。

我想用收藏界的俗语来形容，汪曾祺的文学作品是有"包浆"的，随着时间的推移，他作品的读者越来越多，他的作品越来越有"包浆"。他的作品原来就有"包浆"，经过多年的淘洗打磨，愈有"包浆"感和"包浆"味。汪曾祺这个作家也有"包浆"。所以他的作品经得起玩味，可以反复读，反复出版，反复欣赏和把玩，这就是"包浆"。有"包浆"的作家不多，汪曾祺算一个。

另外，汪曾祺的作品为什么传播这么广泛，我觉得要感谢互联网，同时也与汪家人不带强烈的版权意识有关。汪曾祺的作品几乎网上每一篇都能搜到，许多都没跟汪家签版权，汪家人不是太在意。我们很多当代的作家包括现代的作家，在互联网上很难找到，有的甚至没有。汪曾祺的作品到处都是，反而给作品的普及带来好处，比如大学、中学教材里有汪曾祺的作品，读者看了一篇觉得很好，可以到网上去搜，一搜就能搜到。所以互联网对汪曾祺作品的存活也是起了很大作用的。反过来也促进了汪曾祺及其作品的存活——在网上看过一点汪曾祺作品的读者，对他作品越发感兴趣，便会买他的文集来读。

最后我想说的是，汪曾祺热本身也是盛世产物，大家生活都是小康了，或者接近小康，可以有闲情读书了。如果是在一个战乱的年代，很少有人有闲情逸致去看他这种散淡的、平和的，在细微处见精神的文学作品。因此汪曾祺的作品从某种程度上说是一个"小康读物"。

编后记

　　大约是在 1985 年下半年，我买了一本装帧朴素的《晚饭花集》。比较集中阅读汪曾祺的小说，就是从这时候开始的。

　　此前只在《雨花》《北京文学》《人民文学》等杂志上读过四五篇汪曾祺的小说，印象最深的是《大淖记事》，因为它有一年得了全国优秀短篇小说奖，被收在一个集子里。年轻时读书不像现在这样挑三拣四，那时候逮到什么读什么，一本厚厚的获奖作品集，从头至尾一篇不落地读完了，印象深的有好几篇，《卖驴》《爬满青藤的木屋》《山月不知心里事》等等，最觉得特别的小说，还是《大淖记事》。那时候的文艺青年特别多，大家聚在一起谈论读过的杂志，读过的小说，胆子都很大，什么大话都敢吹，谁都不在话下，人人都成了未来的大文豪，但当有人谈论《受戒》《大淖记事》时，便都众口一词地承认，这种小说，难写。然后，再谈论几句汪曾祺，意见也很统一，老先生肚里有真货！所以，当看到书店有一本《晚饭花集》时，毫不犹豫就买下了。

几年后，我从东海来到城里，住在南极路新浦公园对面一幢两层的红砖小楼上，床头放的书，就有一本是从家里带来的《晚饭花集》。

办公室同事中，有一个灌云人王酆珊，我们认识时，他就在杂志上发表小说了。他家住在红砖小楼后的院子里，是一间挨墙搭建的"一沿坡"，屋小，放不下固定的家具，吃饭时，要从办公室带张凳子回家，吃完饭再带回办公室。他爱人会烧一道牛肉大白菜，装在一只白瓷大海碗里，味道特别鲜美，常喊我带张凳子下楼去他家喝酒。一边喝酒，一边胡乱评论一通当时走红的几个先锋作家，因为他们年龄和我们相仿，感觉我们比他们落后太多，言语中，既有不服，也有无奈。后来说起了汪曾祺，他得知我正在读《晚饭花集》时，便说，写小说，就得像汪曾祺那样，要别具一格，否则难有出路。那天他借给我一本杂志，上面有他一篇小说，叫《冯家婆》，我读了，感觉他在学汪曾祺，虽然汪味不止薄了一点点，却给了我启发，小说写作得有"师承"。就是从这时开始，我成了"汪迷"。并且努力写了几篇"汪味"小说，如《食品站的老余和收购站的老庞》《民政局长和他的女儿》，还有几篇写废品收购站的小说，虽然或多或少都受到汪曾祺的影响，却是形像神不像，甚至形神皆不像。也正是这时候，才发现，汪曾祺的小说不是那么好学的，他那种语言，那种语感，那种"味"，根本抓不住，那要有多少古典文学的修养啊，那要受到多少传统艺术的熏陶啊。好吧，就老老实实做一个忠实的"汪迷"吧。

在多年的买书、读书、写作经历中，汪曾祺的作品一直伴随着我，看到就买，无论是小说集、散文随笔集，还是文集、全集，哪怕是单篇作品和多人的合集，也不放过。有的书内容相近，也不影响买，还买过不同出版社出的同一种书，如《人间草木》，就有三种，分别是江苏文艺出版社2005年1月版、山东画报出版社2006年9月版、中国文联出版社2009年5月版，另外还有作家出版社2005年9月出版的《草木春秋》，真是蔚为大观。慢慢从阅读，变为收藏了。在写作上，早已不把"汪著"当成范本了，更不去"描红""临帖"了。读"汪著"就像读唐诗宋词那样，什么时候都可以读一篇，或者如欣赏传世名画，随时可以看看，咀嚼一番，享受享受。"汪著"成了高级的"闲书"，成了必备的"镇馆"之宝。读"汪著"，不再去求得立竿见影的效果了，而是在追寻内心的安静，追寻闲览的愉悦。

多年来，"汪著"就像丰饶的土壤，一直在滋润着我。

近几年，在写作之余，因为接触图书出版，看到图书市场上各种翻新的"汪著"，有些目不暇接之感，比较喜欢的有山东画报出版社的一套，计有《人间草木——汪曾祺谈草木虫鱼散文41篇》《五味——汪曾祺谈吃》《汪曾祺文与画》《汪曾祺说戏》《你好，汪曾祺》等，这套书最近又出了再版本。作家出版社出版一套八卷本的汪曾祺典藏文集（函套）。江苏人民出版社出版的汪曾祺《食事》《人间滋味》《人间有戏》三卷本文集。长江文艺出版社出了四卷本手绘彩插珍藏版汪曾祺文集，分别是《以喜欢心过生活》《邂逅·水蛇腰》《受戒·大淖记事》《故土·故人·故情》。河南文艺出版社出版的四本一套、布面精装的"汪曾祺集"，计有《晚饭花集》《邂逅集》《菰蒲深处》《矮纸集》，从每本的"编后记"看，编者动了不少心思，下了少少功夫。在《邂逅集·编后记》

里，编者说："一九八一年，北京出版社出版《汪曾祺短篇小说选》时，作者曾把《邂逅集》中的《复仇》《老鲁》《落魄》《鸡鸭名家》'作了一些修改（但基本上保留了原貌）'后收录。一九九八年北京师范大学出版社版的《汪曾祺全集》，所收的上述四篇小说，也是经作者修改的文本，当年形影已渺乎难见矣。所以，《邂逅集》今以原貌呈现，实已与初版时相隔六十余年。本书据《邂逅集》初版本排印，由繁体直排改为简体横排，仅对少量明显错讹做了订正。某些当时普遍使用的异体字、异形词，则一仍其旧。"在《晚饭花集·编后记》里说："《晚饭花集》收录了作者一九八一年下半年至一九八三年下半年所写的短篇小说，一九八五年三月由人民文学出版社出版，收文凡十九篇（组）。本次重编，大体维持既有篇目，只删去个别以高邮为背景的小说，如《鉴赏家》《八千岁》等，移入《菰蒲深处》。以昆明为背景的小说《鸡毛》因已编入《矮纸集》，也不再复收。《职业》是作者 20 世纪 40 年代创作、后多次重写的作品，为便于读者参照阅读，四十年代文本作为附录收入。"《菰蒲深处》《矮纸集》两册，编者在编后记里都有说明，特别是在编目上，尽量保持不重复，体现了编辑特色。作为整体一套的文集，我觉得这样的调整是对的。北京理工大学出版社今年刚出的一套三卷本汪曾祺作品集，分别是《人生若只如出戏》《人间那段草木年华》《人生不过一碗温暖红尘》，这本书在腰封上，称汪曾祺是"中国当代文坛巨匠"。人民文学出版社今年也先期推出《汪曾祺全集》中的三卷本的"小说全编"。还有许多出版社出版了数不过来的单行本，如新华出版社出版的《汪曾祺小说自选集》，江苏文艺出版社出版的《故乡的食物》，生活·读书·新知三联书店出版的《岁月清供》，江西人民出版社出版的《生活，是很好玩的》，上海三联书店出版的《后十年集·散文随笔卷》，北京十月文艺出版社出版的《彩云聚散》等等。据汪家人不完全统计，仅今年，出版汪曾祺的书就有四十多个品种。

看到汪曾祺的作品被如此大面积的出版，说明全国的"汪迷"队伍在飞速发展，"汪学"也渐渐兴起，许多研究者撰写了各种论文，更有大部头的专著出版，比如东北师范大学徐强教授花多年心血，编写了八十余万字的《汪曾祺年谱长编》，中国人民大学教授孙郁也出版了专著《革命时代的士大夫——汪曾祺闲录》，该书以汪曾祺生活、经历、创作、师友交谊等为线索，对汪曾祺的人文精神、创作情怀，进行了细致深入的分析，既有学术价值又有可读性。看到这些成果，在欣慰之余，不免也蠢蠢欲动，想为"汪学"再添一把柴。

有了想法，便开始构思、策划，在和相关出版社沟通后，准备在2017年汪曾祺逝世二十周年之际，出版一套"回望汪曾祺"系列，并拉出了相关书目。没想到的是，有多家出版社愿意接手这个选题。最后确定在山东人民出版社和江苏广陵书社出版两套"回望"系列，并请著名文学评论家王干先生出任主编。王干和汪曾祺是同乡，又是最早研究汪曾祺的评论家之一，并且和汪曾祺交谊很深，在他积极运筹下，书目又做了多次调整，最后确定近三十个选题，分别由山东人民出版社和江苏广陵书社出版。这些选题除了汪曾祺的著作外，还有王干的《夜读汪曾祺》，徐强的《人间送小温——汪曾祺年谱》，苏北选编的《我们的汪曾祺》，金实秋点评的《汪曾祺诗词选评》，金实秋创作的《泡在酒里的

老头儿——汪曾祺酒事广记》，刘涛点评的《汪曾祺论沈从文》，
王干主编、庞余亮选编的《汪味小说》，陈武选编的《林斤澜谈
汪曾祺》《汪曾祺写名家》《名家写汪曾祺》等等，而对汪曾祺
的著作，我们又按地域重新做了编排，共分《高邮卷·梦里频年
记故踪》《昆明卷·笳吹弦诵有余音》《北京卷·岂惯京华十丈尘》
《张家口卷·雾湿葡萄波尔多》四种，请徐强选编。

在为"回望汪曾祺"书稿奔忙的过程中，除了组稿、约稿，
和专家、学者反复讨论外，还多次和汪曾祺大公子汪朗先生聚谈，
他对我们的工作非常支持，在很多方面给予无私的帮助。

也是在繁忙的编稿之余，我得以再次把汪先生的著作重温一
遍。重温的过程非常美好，好比故地重游，流连在熟悉的风光里，
且到处都是景致迷人，终于忍不住动手写了几篇阅读随笔，并把
从前的几篇旧稿找出来，合成了这本札记——既是我对汪先生的
致敬，也是我敬献的一束小花。

2016 年 12 月 12 日 23 时记于北京草房荷边小筑。